Handy Code: Coding education and Programming

핸디 코드로 배우는 코딩 교육 및 앱 프로그래밍

황희수 저

홍릉과학출판사

핸디코드 소개의 글

핸디 코드(HANDY CODE)는 스마트폰과 태블릿에서 사용자의 아이디어를 자유롭게 만들고, 즐겁게 공유할 수 있는 모바일 코딩 플랫폼으로 스크래치(Scratch)와 비슷한 그래픽 코딩 언어인 블로클리(Blockly)를 이용해 만들어졌다. 코딩을 처음 접하는 사람도 쉽게 배울 수 있도록 레고처럼 블록을 선택, 조립하면서 원하는 기능의 코드(앱)를 만들 수 있다. 핸디 코드는 스마트폰에 내장된 센서를 몇 개의 블록만으로 동작시킬 수 있다. 예로 GPS를 이용해 지금 내 위치를 확인하거나 LED 플래시를 켜는 앱을 바로 만들 수 있다. USB나 블루투스를 이용해 아두이노와도 연결할 수 있고 Open API를 이용하는 공공데이터를 사용해 실시간 날씨, 교통 정보 등을 앱에 적용할 수도 있다.

핸디 코드로 다음과 같은 것을 할 수 있다.

- 쉽게 코딩을 배우고 자신만의 프로그램(앱)을 만들어 볼 수 있다.
- 스마트폰, 태블릿의 다양한 센서를 몇 개의 블록으로 동작시킬 수 있다. 위치(GPS), 콤파스(eCompass), 손전등(후면LED), 조도센서, 지문인식(삼성 갤럭시 시리즈만 가능) 등을 사용할 수 있다.
- USB, 블루투스(Bluetooth)로 아두이노에 연결 할 수 있다.
- HTTP Request 호출을 하여 공공데이터를 활용할 수 있다.
- 스마트폰의 통화, 문자 기능을 사용할 수 있다.
- '계산'과 '로직' 블록을 이용해 코딩 원리에 대해 학습할 수 있다.
- 만든 프로젝트를 커뮤니티에 등록할 수 있다.
- 커뮤니티에 등록된 프로젝트를 다운로드 받아 실행할 수 있다.

- 바탕화면에 바로가기를 만들어 하나의 독립된 프로그램(앱)과 같이 실행할 수 있다.
- 튜토리얼 영상을 통해 간단한 사용법을 익힐 수 있다.
- 핸디 코드 앱 상단 배너의 문서를 참조하면 자세한 내용을 알 수 있다.

> '핸디 코드(Handy Code)'는 '디지털 리터러시(Digital Literacy)'를 위한 사회공헌의 일환으로 삼성전자 C-Lab에서 개발되어 '삼성 개발자 콘퍼런스 2017'에 선보인 모바일 코딩 플랫폼이다.

이 책은 프로그래밍을 처음 접하는 학생이 공학기초 설계에서 스마트폰과 아두이노를 연동하여 융합 주제를 다룰 수 있도록 하는데 목적을 두었기 때문에 프로그래밍 구문에 대한 설명을 최소로 하는 대신 예제 프로젝트를 따라하면서 핸디코드를 배울 수 있도록 기술되었다.

목 차

제1장

핸디 코드 시작하기

1.1 설치 및 시작

핸디 코드는 안드로이드 장치(스마트 폰, 테블릿)에 설치해서 사용할 수 있다. 핸디 코드 설치 후 스마트 폰에서 USB 디버깅을 허용하면 핸드코드를 실행할 수 있다.

① 구글 플레이 스토어에서 '핸디 코드(HANDY CODE)'를 검색, 다운받아 설치한다([그림 1-1]).

[그림 1-1] 구글 스토어에서 핸디 코드 앱 설치

② 스마트 폰에 아두이노 보드를 연결하고 스마트폰 설정의 "개발자 옵션 〉 USB 디버깅" 기능을 허용한다([그림 1-2]). "개발자 옵션" 메뉴가 없으면, "소프트웨어 정보 〉 빌드번호"를 10회 이상 터치한다.

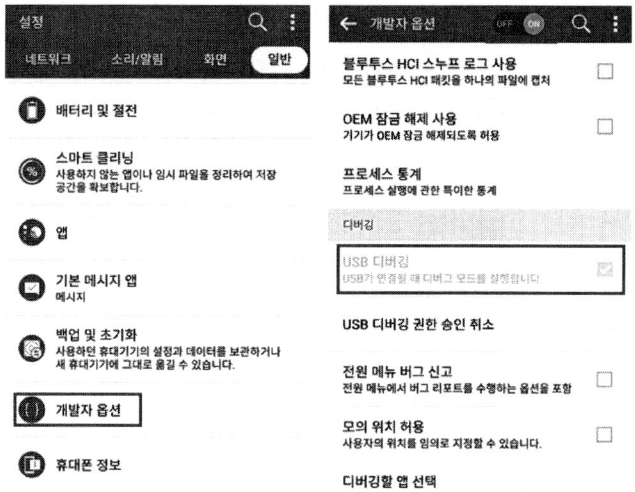

[그림 1-2] 개발자옵션에서 USB 디버깅 사용

③ 스마트 폰에서 핸디코드를 실행하고 구글 계정으로 로그인한다([그림 1-3]). 메인 화면의 중앙에 내 프로젝트 부분이 보인다. 사용자가 만든 프로젝트는 여기에 저장된다. 프로젝트 아래 부분에 튜토리얼이 있고 이를 클릭하면 유튜브 동영상에 연결된다.

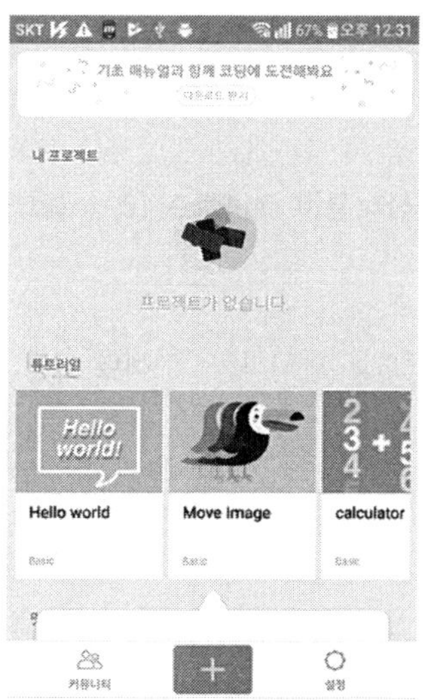

[그림 1-3] 핸디 코드 메인 화면

④ 화면 하단에 있는 "새 프로젝트(+)" 버튼을 클릭, 새 프로젝트를 열면 [그림 1-4]와 같이 코딩 화면이 보이고 코딩 화면에 "시작할 때" 블록이 만들어진다. 화면 왼쪽에는 기능별로 그룹화 된 상위 블록("이미지" 블록에서 "아두이노" 블록까지)이 보인다. 코딩은 "그룹별 블록 〉 하위 블록"을 끌어다 중앙의 "시작할 때" 슬롯에 끼우는 방식으로 이루어진다. 블록을 삭제하고 싶으면 해당 블록을 끌어 화면 우측 하단의 휴지통에 놓는다.

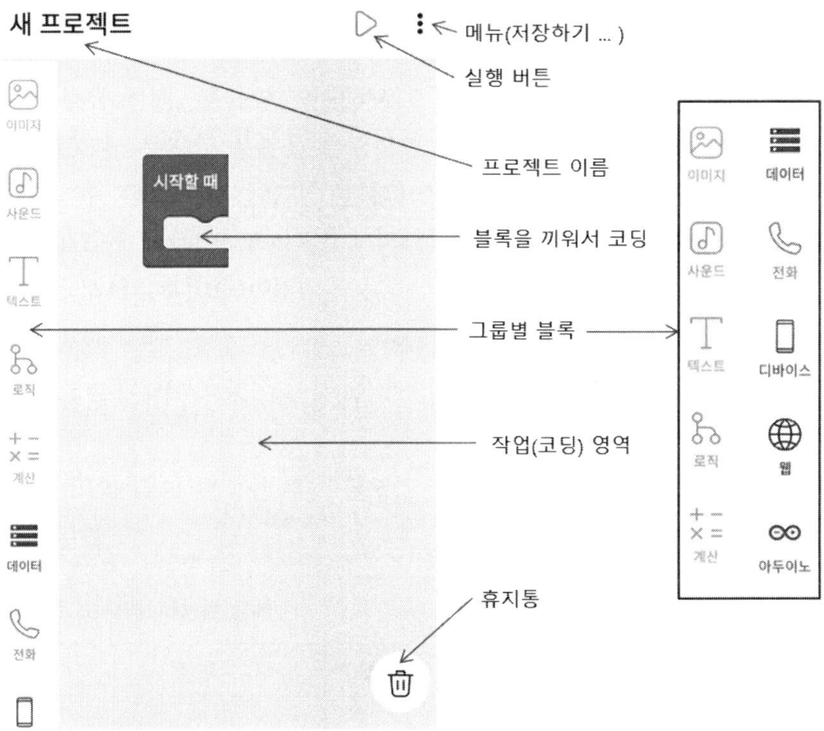

[그림 1-4] 새 프로젝트 코딩 화면

⑤ 화면 상단 우측의 "버튼(⋮)"을 클릭, "저장하기"를 선택([그림 1-5(a)])한다. 프로젝트 이름을 '헬로우'로 저장한다([그림 1-5(b)]).

(a) (b)

[그림 1-5] 프로젝트 이름 저장

1.2 텍스트 표시

새 프로젝트를 열고 프로젝트 이름을 '헬로우'로 저장하였다. 이제 [표 1-1]의 블록을 사용하여 [그림 1-6]의 코딩 화면을 구성한다.

① 화면 왼쪽의 "텍스트" 그룹을 클릭, 하위 "텍스트 추가하기" 블록을 선택한다(줄여서 "텍스트 〉 텍스트 추가하기" 블록으로 표시). 선택된 블록을 끌어다 코딩 화면의 "시작할 때" 블록에 끼운다.

② "텍스트" 블록 선택, 문자열 "안녕하세요"를 끌어 "텍스트 추가하기" 블록의 우측 슬롯에 끼운다. 문자열 부분을 클릭하면 자판이 나타난다. [그림 1-6(a)]와 같이 입력한다. 이 "텍스트 추가하기" 블록의 이름은 'text1'이고 변수 'x'와 'y'를 가진다. 이 값은 화면에 text1이 표시되는 시작점 위치(좌표)를 표시한다. 화면의 좌표는 좌측 상단 모서리가 (0,0)이다.

③ "계산" 블록의 

을 끌어 "텍스트 추가하기"의 x 슬롯에 끼우고 숫자 100 입력

④ "계산" 블록의 

을 끌어 "텍스트 추가하기"의 y 슬롯에 끼우고 숫자 100 입력

[그림 1-6(a)]와 같이 완성한 후, "실행(▷)" 버튼을 클릭하면 [그림 1-6(b)]의 실행 화면이 표시된다.

[표 1-1] 텍스트 표시에 사용된 블록

순서	그룹	블록	이름	속성 처리
①			text1	이 블록을 "시작할 때" 블록에 끼움
②		"안녕하세요"		"텍스트 추가하기" 블록 우측 슬롯에 끼우고 "안녕하세요"를 "Hello Everyone!" 변경

[표 1-1] 텍스트 표시에 사용된 블록(계속)

순서	그룹	블록	이름	속성 처리
③	+ − × = 계산			이 블록을 끌어 "텍스트 추가하기" 블록의 x 슬롯에 끼우고 숫자 100 입력
④		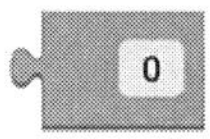		이 블록을 끌어 "텍스트 추가하기" 블록의 y 슬롯에 끼우고 숫자 100 입력

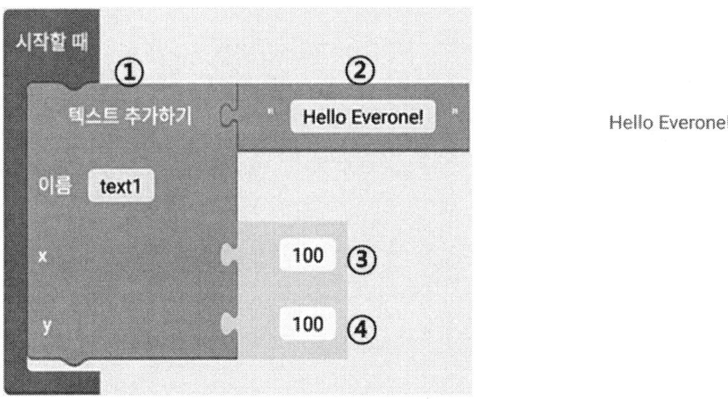

(a) (b)

[그림 1-6] 헬로우 프로젝트

1.3 이미지 버튼 만들기

이미지 버튼 만들기는 다음과 같은 시나리오로 동작한다.

① 이미지(Koala.jpg)를 화면 (50,100)에 표시된다.
② 이미지를 누르면 시스템이 제공한 클릭 사운드(버튼음 01)를 재생한다.
③ 0.5초 대기한다.
④ "음악이 재생됩니다."를 음성으로 말한다.

⑤ 0.5초 대기한다.

⑥ 외부 사운드(Kalimba.mp3)를 재생한다.

시나리오에 따라 [표 1-2]의 블록을 사용하여 [그림 1-7]과 같이 코딩 화면을 구성한다.

- "이미지 추가하기" 블록에서 + 을 클릭, 스마트 폰의 "Download〉HandyCodeSound"에 있는 파일(Koala.jpg)을 선택한다. 이름을 'button'으로 변경한다.
- "시스템 사운드 선택" 블록에서 '버튼음 01'을 선택한다.
- "외부 사운드 선택" 블록에서 스마트 폰의 "Download〉HandyCodeSoundFiles" 경로에 읽어 들일 사운드 파일(Kalimba.mp3)이 존재해야 한다. 이 파일명(Kalimba.mp3)을 직접 입력한다.

[표 1-2] 이미지 만들기에 사용된 블록

순서	그룹	블록	이름	속성 처리
①	이미지	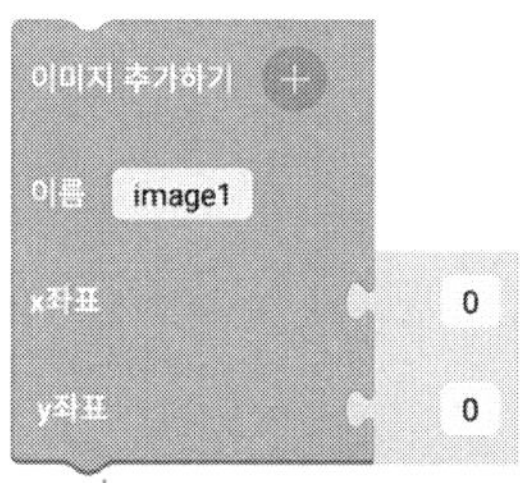	button	이 블록을 "시작할 때" 블록에 끼우고, '이름'을 'button'으로 변경 + 을 클릭, "Download〉HandyCode-Sound〉 Koala.jpg 선택 슬롯 x에 50, 슬롯 y에 100을 입력
②			button	이 블록(이미지: button)을 "시작할 때" 외부에 놓음
③	사운드		sound1	이 블록을 "이미지 누를 때" 블록 안에 끼움 '버튼음01' 선택
④				이 블록을 "시스템 사운드 선택" 블록 아래에 놓고 'sound1' 선택

[표 1-2] 이미지 만들기에 사용된 블록

순서	그룹	블록	이름	속성 처리
⑤	로직			이 블록을 “사운드 재생” 블록 아래에 놓고 ‘밀리초’에 500 입력
⑥	사운드			이 블록을 “기다리기” 블록 아래에 놓고 “ ”에 “음악이 재생됩니다.”를 입력
⑦	로직			이 블록을 “음성으로 말하기” 블록 아래에 놓고 ‘밀리초’에 500 입력
⑧	사운드	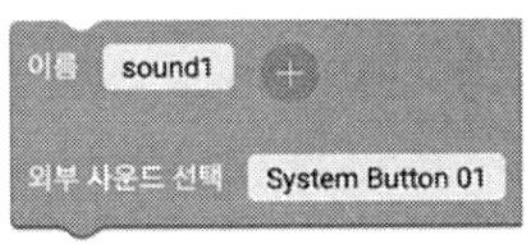	sound2	이 블록을 “기다리기” 블록 아래에 놓고 ‘외부 사운드 선택’에 파일명(Kalimba.mp3)을 입력 “Download〉HandyCodeSoundFiles〉Kalimba.mp3”이 존재
⑨				이 블록을 “외부 사운드 선택” 블록 아래에 놓고 ‘sound2’ 선택

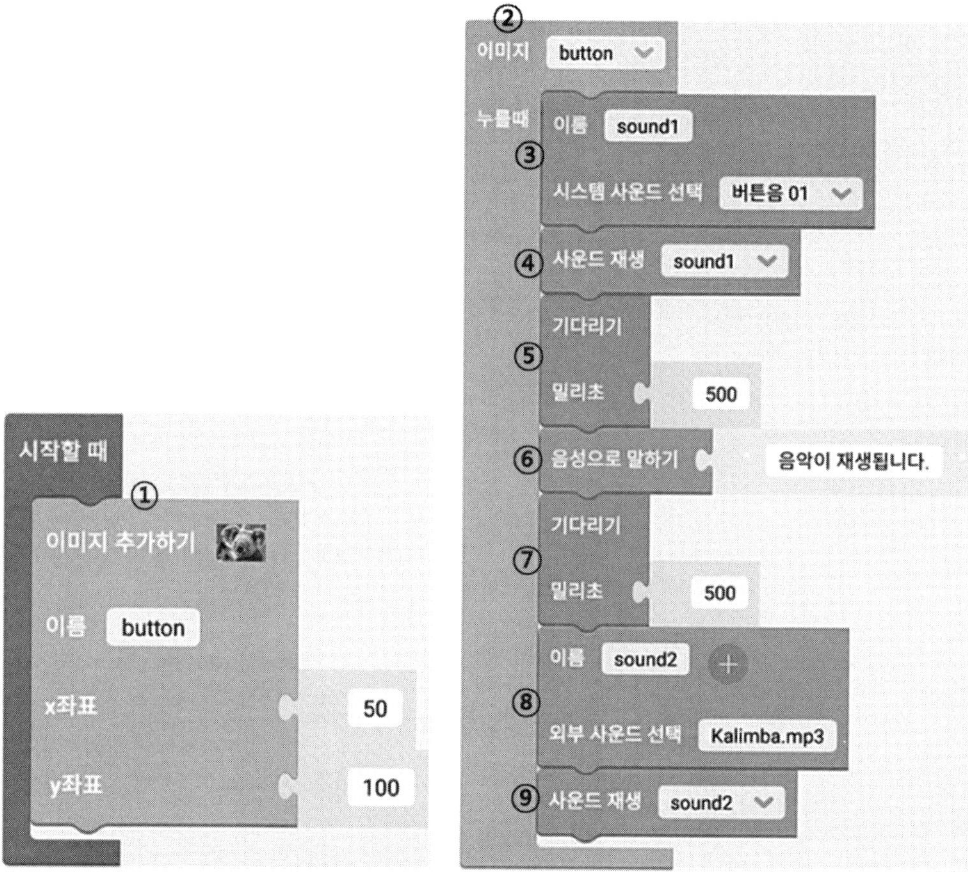

[그림 1-7] 이미지 버튼 만들기 코딩 화면

[그림 1-8]의 실행 화면에서 이미지를 클릭, 시나리오대로 동작하는지 확인한다.

[그림 1-8] 이미지 버튼 만들기 실행 화면

제2장

핸디 코드 튜토리얼 앱 배우기

핸디 코드 사이트(https://handycode.ourguide.kr/tutorial)의 튜토리얼(동영상) 앱을 만들어 본다.

2.1 이미지 움직이기

스마트 폰의 화면 이미지를 터치할 때 마다 해당 이미지가 가로 방향으로 10 픽셀(화소) 이동한다.

- 핸디 코드에서 새 프로젝트를 열고 프로젝트 이름 'Move image'로 저장한다.
- [표 2-1]에 보인 것과 "이미지" 블록의 하위 블록 3개를 사용하여 [그림 2-2(a)]와 같이 코드를 완성한다.
- 프로젝트가 만들어지면 기본으로 "시작할 때" 블록이 생성된다. 전역변수 블록과 이벤트 처리 블록을 제외한 나머지 블록들은 이 "시작할 때" 내부에 위치한다. 전역변수 블록과 이벤트 처리 블록은 별도의 장에서 설명하기로 한다.
- 화면에서 위치 좌표 x, y는 왼쪽 상단 모서리가 (0,0)이고 가로 방향으로 x가 증가, 아래 방향으로 y가 증가한다. 이미지의 위치 좌표는 이미지의 왼쪽 상단 모서리가 기준점이 된다([그림 2-1]).

[표 2-1] Move image 앱에 사용된 블록

순서	그룹	블록	이름	속성 처리
①	 이미지	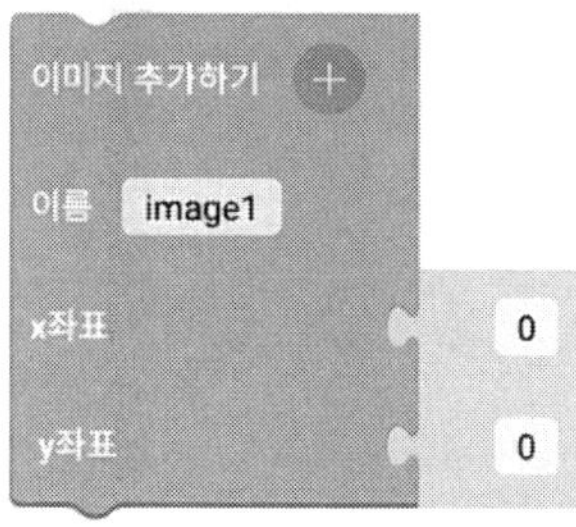	image1	"시작할 때" 블록에 끼움
②				 클릭, 원 안의 이미지 선택 **이미지 선택** 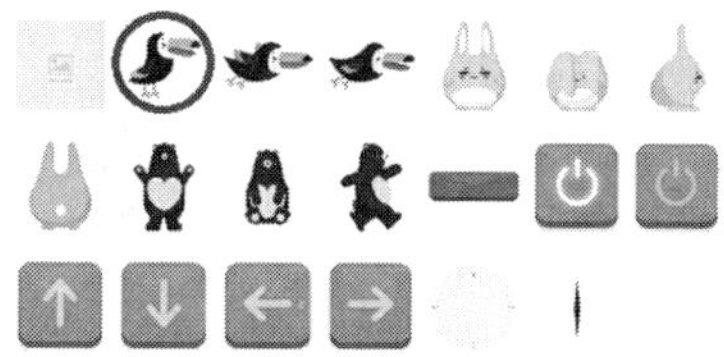
③	+ − × = 계산			이 블록을 "이미지 추가하기" 블록의 x좌표, y좌표 슬롯에 끼움
④	 이미지		image1	이 블록을 "시작할 때" 블록 외부 아래에 놓음
⑤			image1	이 블록을 "이미지 누를때" 블록에 끼움
⑥	+ − × = 계산	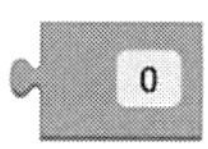		이 블록을 "이미지 이동방향으로 이동" 블록의 슬롯에 끼우고 숫자 10을 입력

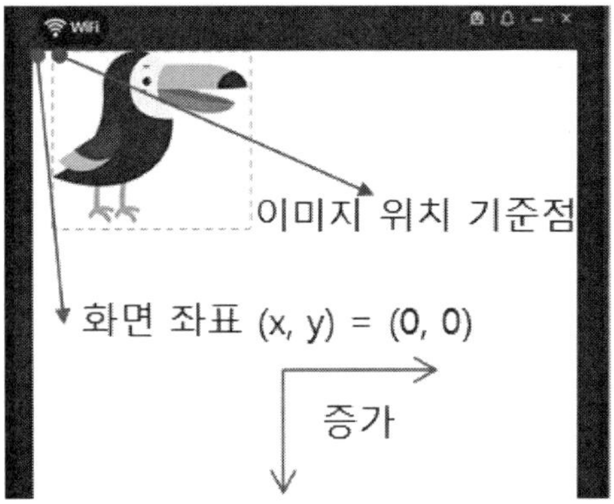

[그림 2-1] 화면 및 이미지의 위치 좌표

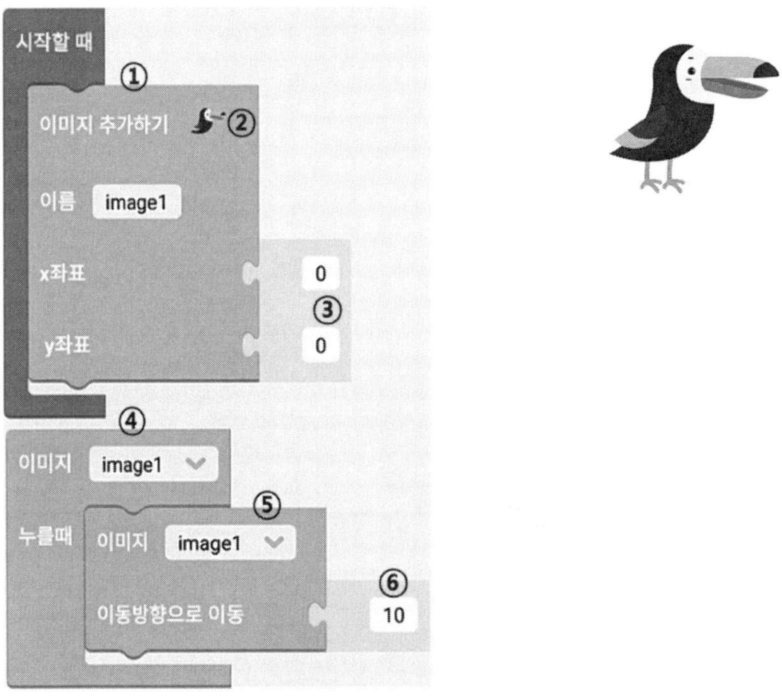

(a) (b)

[그림 2-2] 완성된 코드 및 실행화면

2.2 산술 계산

사칙 연산을 하는 간단한 계산 앱을 만든다.

- 핸디 코드에서 새 프로젝트를 열고 프로젝트 이름 'Calculator'로 저장한다.
- [표 2-2]에 보인 블록을 사용하여 [그림 2-3(a)]의 완성된 코드를 만든다.
- 실행 버튼을 클릭, 실행하면 100과 30의 덧셈이 계산되어 화면 좌표 (0,0) 위치에 계산결과 130이 표시된다.
- 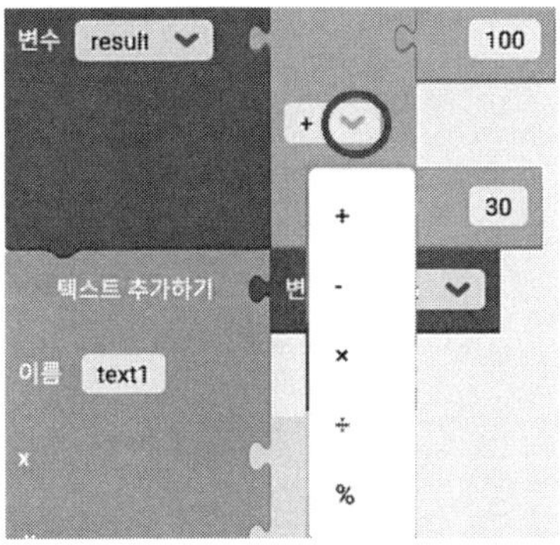

완성된 코드에서 부분을 클릭, 연산자를 하나씩 선택하고 실행한다. %는 나머지 연산자이다.
- % 연사자로 계산한 결과 화면이 [그림 2-3(b)]이다.

[표 2-2] Calculator 앱에 사용된 블록

순서	그룹	블록	이름	속성 처리
①	데이터	전역 변수 추가 variable1		이 블록을 "시작할 때" 블록 외부 위에 놓음
②			result	이 블록의 변수명 'variable1'을 'result'로 변경
③	계산	0		이 블록을 끌어 "전역변수 추가" 블록의 우측 슬롯에 끼움
④	데이터	변수 result	result	이 블록을 끌어 "시작할 때" 블록에 끼움

[표 2-2] Calculator 앱에 사용된 블록 (계속)

순서	그룹	블록	이름	속성 처리
⑤	계산			이 블록을 끌어 "변수 result" 블록 우측 슬롯에 끼움
⑥	계산	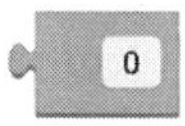		이 블록을 끌어 ⑤ 블록 우측의 위, 아래 슬롯에 각각 끼우고, 숫자를 100과 30으로 변경
⑦	텍스트		text1	이 블록을 끌어 "시작할 때" 블록 안의 "변수 result" 블록 아래에 놓음
⑧	데이터	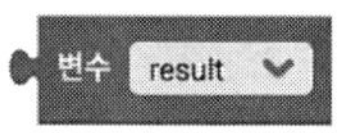	result	이 블록을 끌어 "텍스트 추가하기" 블록의 우측 슬롯에 끼움

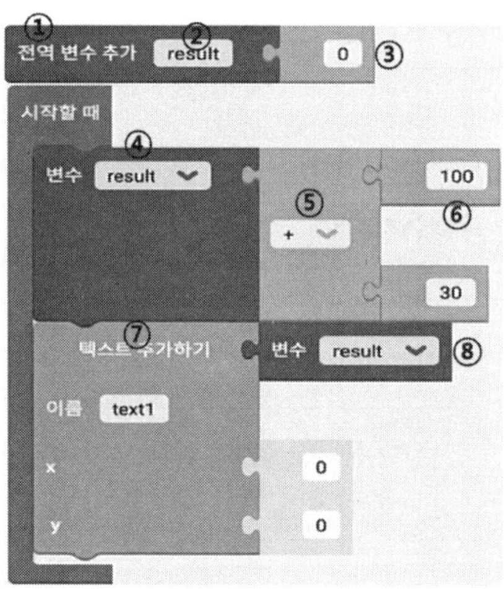

(a)

(b)

[그림 2-3] 완성된 코드 및 실행화면

2.3 GPS 위치

GPS 위치 정보(위도와 경도)가 변경되면 변경된 위치의 주소 정보를 표시하는 앱을 만든다.

- 핸디 코드에서 새 프로젝트를 열고 프로젝트 이름 'GPS testing'로 저장한다.
- [표 2-3]에 보인 블록을 사용하여 [그림 2-4(a)]의 완성된 코드를 만든다.
- 실행 버튼을 클릭한다. 현재 위치의 주소를 확인한다([그림 2-4(b)]).

[표 2-3] GPS testing 앱에 사용된 블록

순서	그룹	블록	이름	속성 처리
①	디바이스			이 블록을 끌어 "시작할 때" 블록 안에 놓음
②	텍스트		text1	이 블록을 끌어 "시작할 때" 블록 안의 "현재 위치 요청" 블록 아래에 놓음
③				이 블록의 '텍스트 추가하기 슬롯의 " "에 GPS testing을 입력
④	디바이스			이 블록을 끌어 "시작할 때" 블록 외부 아래에 놓음
⑤	텍스트		text1	이 블록을 끌어 ④ "현재 위치 변경 시" 블록에 끼움
⑥	웹			이 블록을 끌어 ⑤ "텍스트" 블록의 우측 슬롯에 끼움

[표 2-3] GPS testing 앱에 사용된 블록(계속)

순서	그룹	블록	이름	속성 처리
⑦	디바이스	현재 위치 [위도 ∨]		이 블록을 끌어 ⑥ "주소 정보" 블록의 '위도' 슬롯에 끼움
⑧		현재 위치 [위도 ∨]		이 블록을 끌어 ⑥ "주소 정보" 블록의 '경도' 슬롯에 끼우고 ∨ 을 클릭, '경도'를 선택

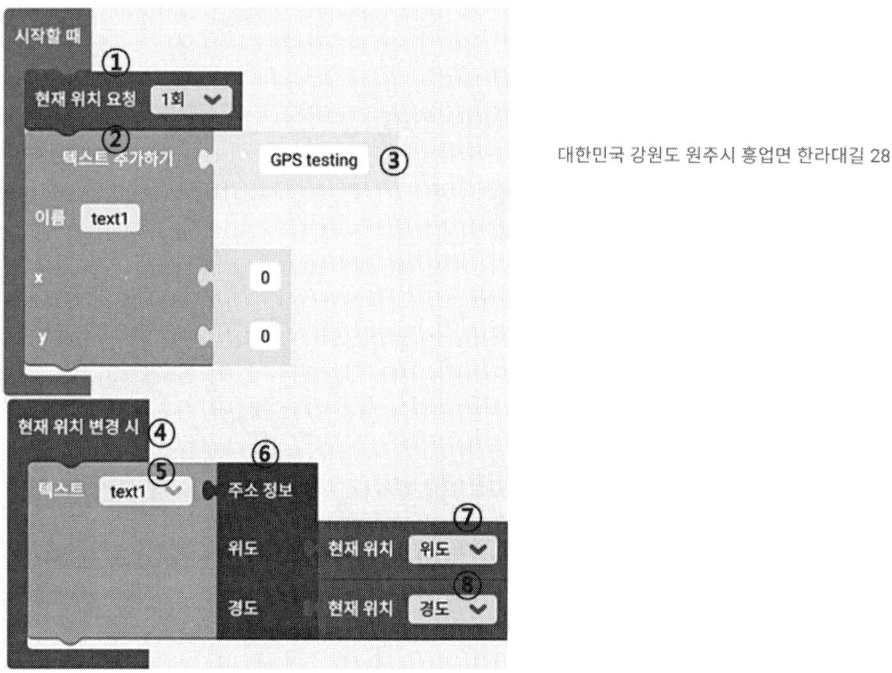

(a) (b)

[그림 2-4] 완성된 코드 및 실행화면

2.4 애니메이션

1) 이동

- 새 이미지를 클릭하면 새의 이미지가 바뀐다. 새를 끌면 애니메이션을 볼 수 있다.
- 핸디 코드에서 새 프로젝트를 열고 프로젝트 이름 'Flying'로 저장한다.
- [표 2-4]에 보인 블록을 사용하여 [그림 2-5(a)]의 완성된 코드를 만든다.
- 실행 버튼을 클릭, 실행 결과를 확인한다([그림 2-5(b)]).

[표 2-4] Flying 앱에 사용된 블록

순서	그룹	블록	이름	속성 처리
①	이미지	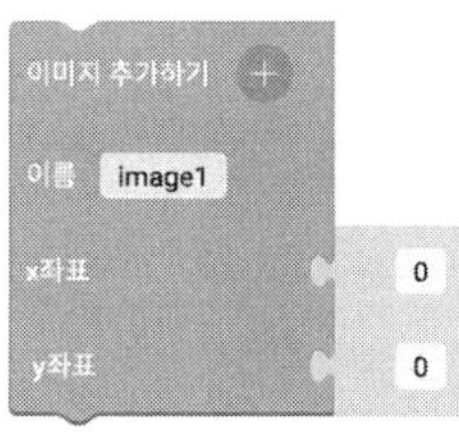	image1	이 블록을 끌어 "시작할 때" 블록 안에 놓음
②				+ 클릭, 원 안의 이미지 선택 **이미지 선택** 
③				x 좌표 120, y 좌표 400 입력
④			ani-mation1	이 블록을 끌어 "이미지 추가하기" 블록 아래에 놓음

[표 2-4] Flying 앱에 사용된 블록(계속)

순서	그룹	블록	이름	속성 처리
⑤	이미지	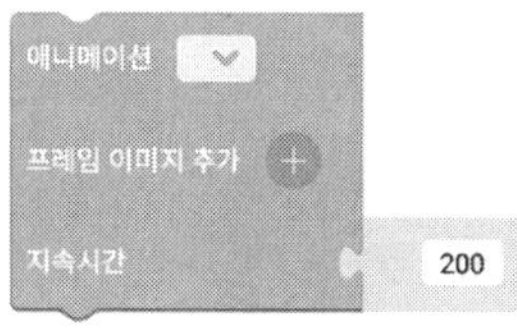	ani-mation1	이 블록을 끌어 "애니메이션 추가하기" 블록 아래에 놓음
⑥				+ 클릭, 원 안의 이미지 선택 
⑦				이미지가 선택된 이 블록을 손가락으로 누르고 있으면 복사가 된다. 복사된 블록을 "애니메이션" 블록 아래에 놓음
⑧				복사된 블록에서 새 이미지를 클릭, 원 안의 이미지를 선택 
⑨			image1	이 블록을 끌어 "시작할 때" 블록 외부 아래에 놓음
⑩			image1	이 블록을 끌어 "이미지 누를 때" 블록에 끼움
⑪			image1	이 블록을 끌어 "시작할 때" 블록 외부 아래에 놓음
⑫			image1	이 블록을 끌어 "이미지 뗄 때" 블록에 끼움
⑬				+ 클릭, 원 안의 이미지를 선택 

[표 2-4] Flying 앱에 사용된 블록 (계속)

순서	그룹	블록	이름	속성 처리
⑭			image1	이 블록을 끌어 "시작할 때" 블록 외부 아래에 놓음
⑮	 이미지	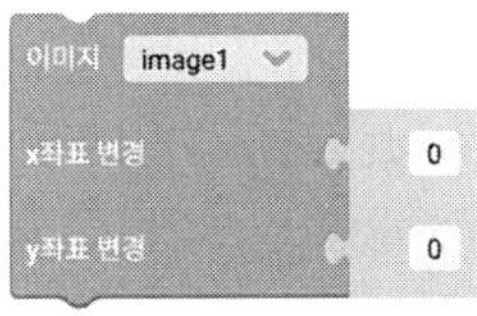	image1	이 블록을 끌어 "이미지 드래그시" 블록 안에 끼움
⑯			image1	이 블록을 끌어 "이미지"의 'x좌표 변경' 슬롯에 끼움
⑰				이 블록을 끌어 "이미지"의 'y좌표 변경' 슬롯에 끼우고 클릭, '드래그 좌표'를 y로 변경

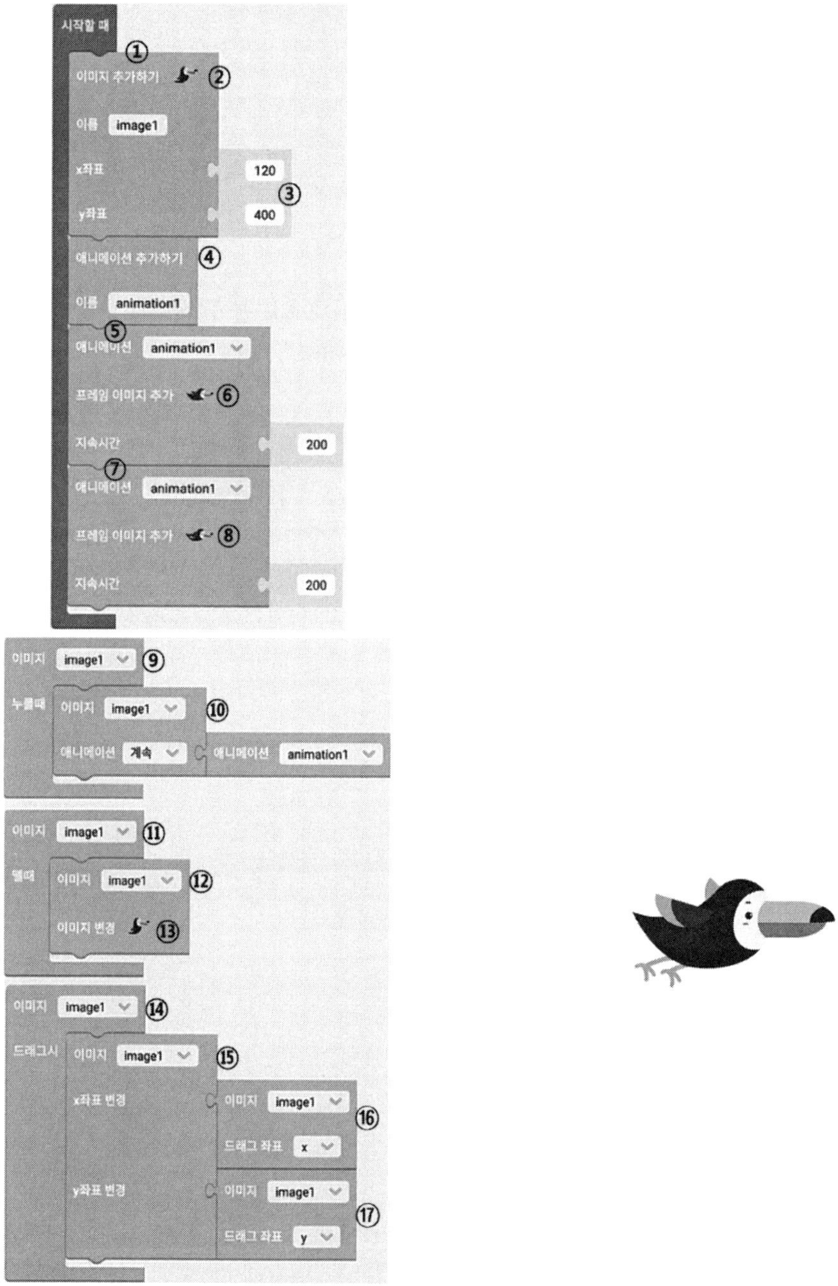

(a) (b)

[그림 2-5] 완성된 코드 및 실행화면

2) 회전

- 곰 이미지가 한 바퀴 회전한 후 서로 다른 곰 이미지 두 개를 교대로 보여준다.
- 핸디 코드에서 새 프로젝트를 열고 프로젝트 이름 'Rotate the bear'로 저장한다.
- [표 2-6]에 보인 블록을 사용하여 [그림 2-6(a)]의 완성된 코드를 만든다.
- 실행 결과를 확인한다. 곰 이미지의 한 바퀴 회전([그림 2-6(b)] 및 이미지를 교대로 보임([그림 2-6(c)]).

[표 2-6] Rotate the bear 앱에 사용된 블록

순서	그룹	블록	이름	속성 처리
①	이미지	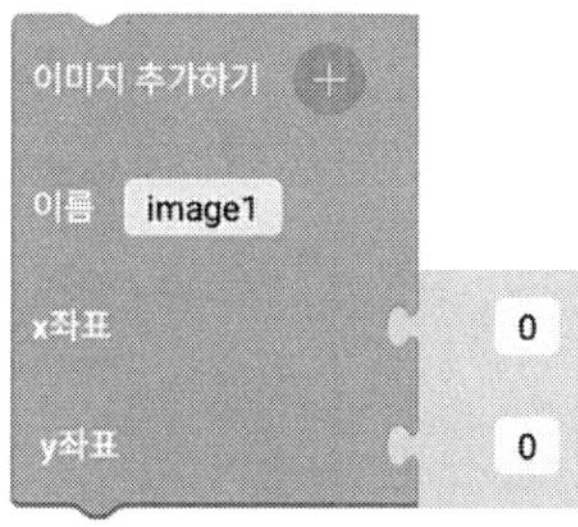	image1	이 블록을 끌어 "시작할 때" 블록 안에 놓음
②				➕ 클릭, 원 안의 이미지 선택 
③				x 좌표 150, y 좌표 200 입력
④	사운드			이 블록을 끌어 "이미지 추가하기" 블록 아래에 놓고 " "에 "한바퀴 돌기"를 입력
⑤	로직	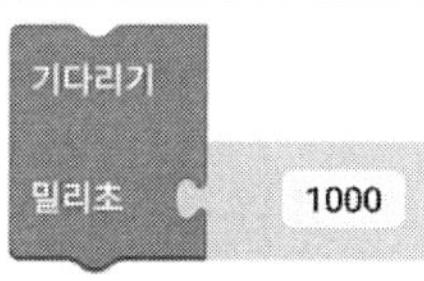		이 블록을 끌어 "음성으로 말하기" 블록 아래에 놓음. 1초(1000ms) 지연
⑥	이미지		image1	이 블록을 끌어 "기다리기" 블록 아래에 놓음
⑦				➕ 클릭, 원 안의 이미지를 선택 
⑧	로직			이 블록을 끌어 "이미지 변경" 블록 아래에 놓음
⑨				숫자 0을 360으로 변경(360번 반복)

[표 2-6] Rotate the bear 앱에 사용된 블록 (계속)

순서	그룹	블록	이름	속성 처리
⑩	이미지	이미지 image1 회전 0	image1	이 블록을 끌어 " 번 반복" 블록에 끼움
⑪				숫자를 1로 변경
⑫	로직	기다리기 밀리초 1000		이 블록을 끌어 " 번 반복 〉 이미지 회전" 블록 아래에 놓고 숫자 1000을 10으로 변경(10ms 지연)
⑬	사운드	음성으로 말하기		이 블록을 끌어 " 번 반복" 블록 아래에 놓고 " "에 "완료"를 입력
⑭	로직	계속 반복		이 블록을 끌어 "음성 말하기" 블록 아래에 놓음
⑮	이미지	이미지 image1 이미지 변경 +	image1	이 블록을 끌어 "계속 반복" 블록에 끼움
⑯				+ 클릭, 원 안의 이미지를 선택
⑰	로직	기다리기 밀리초 1000		이 블록을 끌어 "계속 반복 〉 이미지 변경" 블록 아래에 놓고 숫자를 500으로 변경
⑱	이미지	이미지 image1 이미지 변경 +	image1	이 블록을 끌어 "계속 반복 〉 기다리기 밀리초" 블록 아래에 놓음
⑲				+ 클릭, 원 안의 이미지를 선택
⑳	로직	기다리기 밀리초 1000		이 블록을 끌어 "계속 반복 〉 이미지 변경" 블록 아래에 놓고 숫자를 500으로 변경

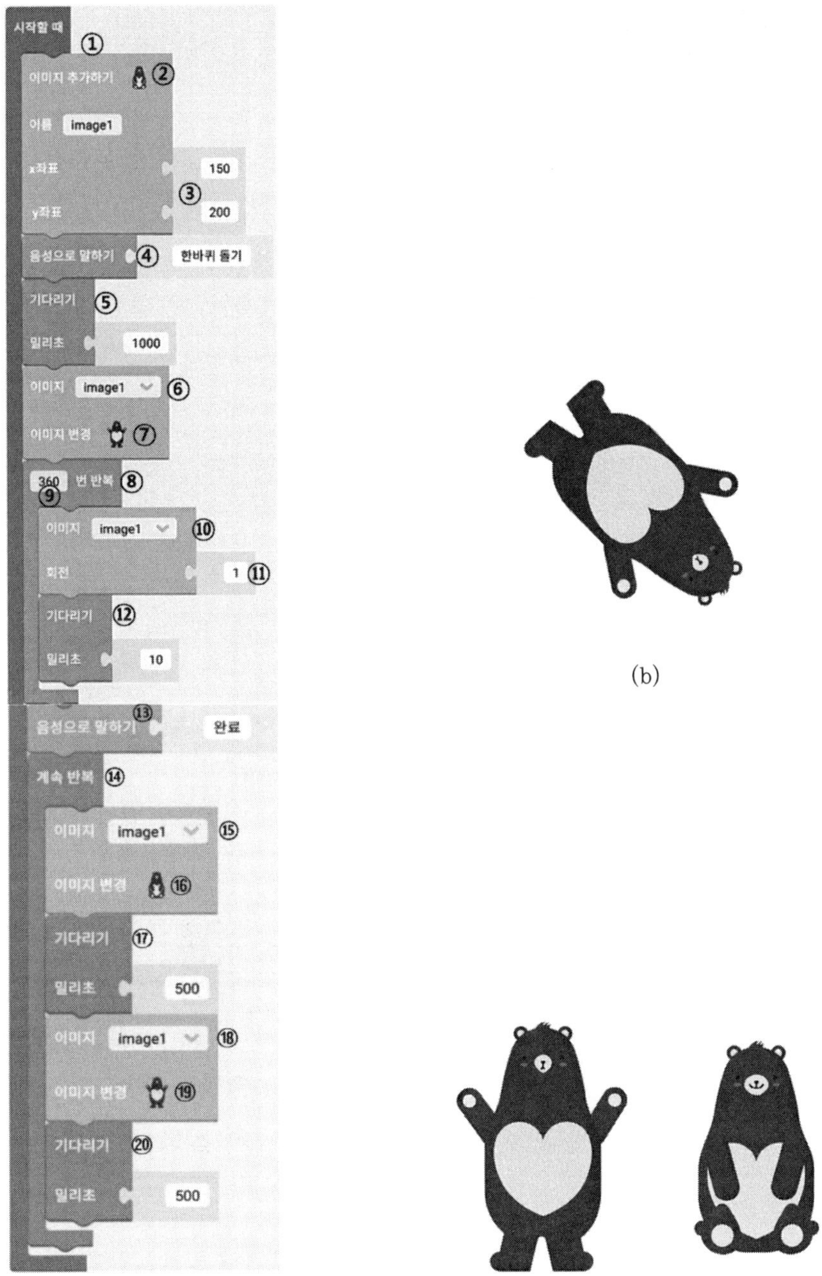

(b)

(a) (c)

[그림 2-6] 완성된 코드 및 실행화면

2.5 텍스트

- 텍스트 상자를 클릭, 자판에서 "안녕하세요. 핸디코드"라고 입력한다. 버튼(→)을 클릭하면 텍스트 상장에 입력한 문자열을 읽어준다.
- 핸디 코드에서 새 프로젝트를 열고 프로젝트 이름 'Text to speech'로 저장한다.
- [표 2-7]에 보인 블록을 사용하여 [그림 2-7(a)]의 완성된 코드를 만든다.
- 실행 버튼을 클릭, 결과를 확인한다([그림 2-7(b)]).

[표 2-7] Text to speech 앱에 사용된 블록

순서	그룹	블록	이름	속성 처리
①				이 블록을 끌어 "시작할 때" 블록 안에 놓음
②			text1	이 블록의 " "에 "text to speech"를 입력
③				이 블록의 'x'와 'y'에 각각 50을 입력
④	T 텍스트			이 블록을 끌어 "텍스트 추가하기" 블록 아래에 놓음
⑤			text1	이 블록의 '색상'을 클릭, 색상 표(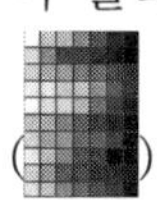)에서 노란색 지정
⑥		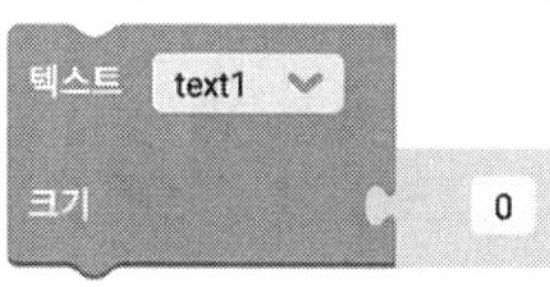		이 블록을 끌어 "텍스트 색상" 블록 아래에 놓음
⑦			text1	이 블록의 '크기'를 20으로 변경

[표 2-7] Text to speech 앱에 사용된 블록 (계속)

<table>
<tr><th>순서</th><th>그룹</th><th>블록</th><th>이름</th><th>속성 처리</th></tr>
<tr><td>⑧</td><td rowspan="2"></td><td rowspan="2"></td><td rowspan="2">edit-
Text1</td><td>이 블록을 끌어 "텍스트 크기" 블록 아래에 놓음</td></tr>
<tr><td>⑨</td><td>이 블록의 'y' 값을 100으로 변경</td></tr>
<tr><td>⑩</td><td rowspan="4"></td><td rowspan="3">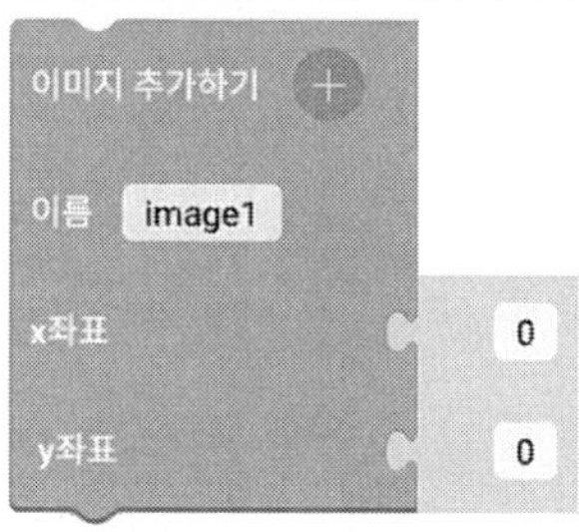</td><td rowspan="3">image1</td><td>이 블록을 끌어 "입력창 추가하기" 블록 아래에 놓음</td></tr>
<tr><td>⑪</td><td> 클릭하고 이미지 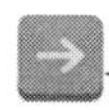를 선택</td></tr>
<tr><td>⑫</td><td>'x좌표'에 150, 'y좌표'에 200을 입력</td></tr>
<tr><td>⑬</td><td>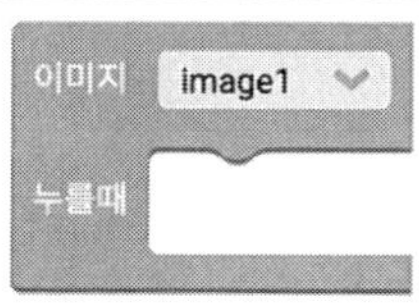</td><td>image1</td><td>이 블록을 끌어 "시작할 때" 블록 외부 아래에 놓음</td></tr>
<tr><td>⑭</td><td></td><td></td><td></td><td>이 블록을 끌어 "이미지 누를 때" 블록 우측에 끼움</td></tr>
<tr><td>⑮</td><td></td><td></td><td></td><td>이 블록을 끌어 "음성으로 말하기" 블록의 우측 슬롯에 끼움</td></tr>
</table>

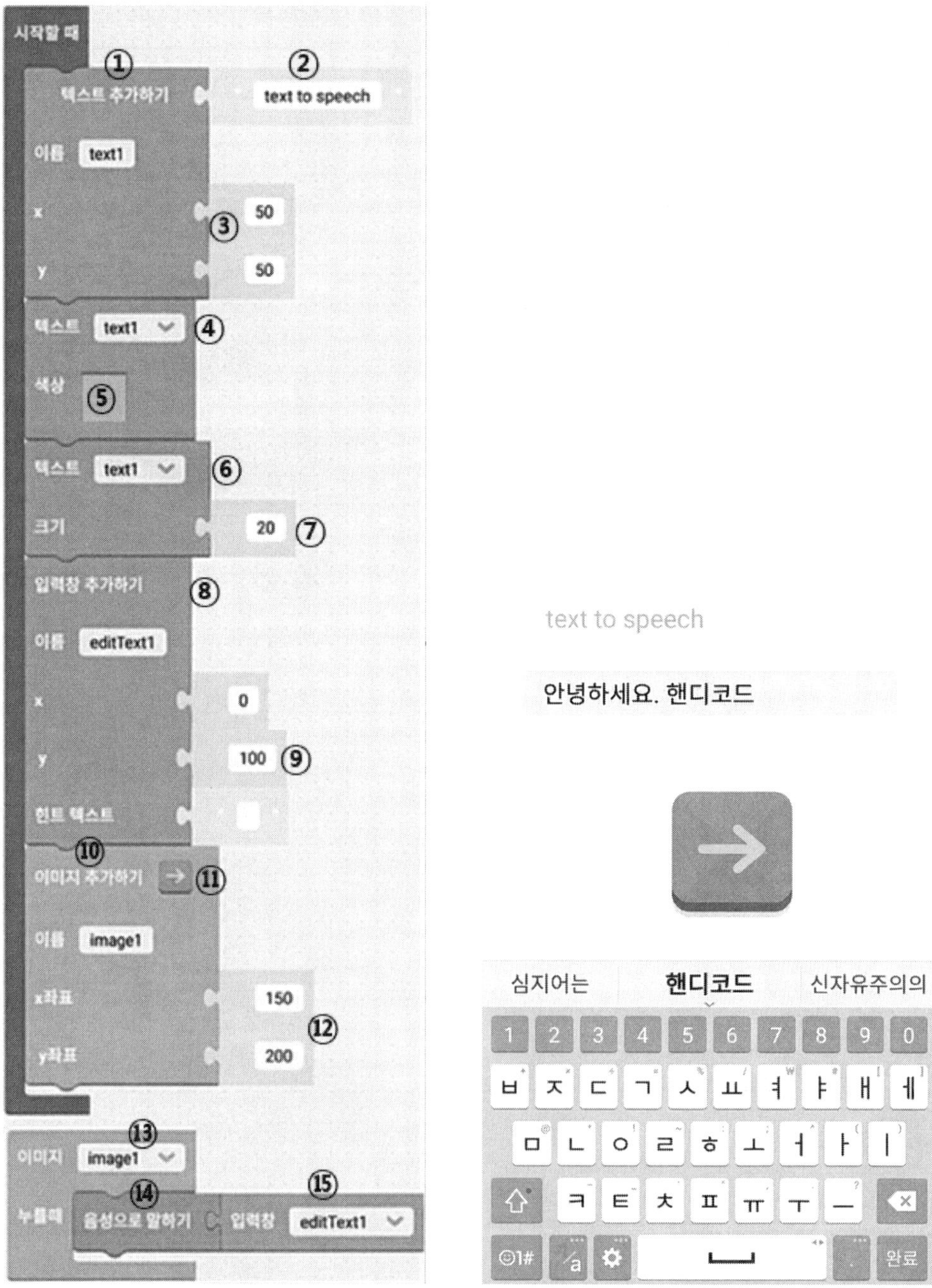

(a) (b)

[그림 2-7] 완성된 코드 및 실행화면

2.6 조명

- 화면에 보이는 버튼을 누르면 버튼이 조명이 켜진 표시 버튼으로 바뀌고 스마트 폰의 조명이 켜진다. 다시 버튼을 누르면 조명이 꺼진 표시 버튼으로 바뀌고 스마트 폰의 조명이 꺼진다.
- 핸디 코드에서 새 프로젝트를 열고 프로젝트 이름 'Light'로 저장한다.
- [표 2-8]에 보인 블록을 사용하여 [그림 2-8(a)]의 완성된 코드를 만든다.
- 실행 버튼을 클릭한다. 화면에 보이는 버튼을 눌러 스마트 폰의 조명을 점멸해보고 이 때 표시 버튼이 변경되는지 확인한다([그림 2-8(b)], [그림 2-8(c)]).

[표 2-8] Light 앱에 사용된 블록

순서	그룹	블록	이름	속성 처리
①	데이터		variable1	이 블록을 "시작할 때" 블록 외부 위에 놓음
②			power	이 블록의 변수명 'variable1'을 'power'로 변경
③	로직			이 블록을 끌어 "전역 변수 추가" 블록의 우측 슬롯에 끼움
④				이 블록의 을 클릭, '거짓'을 선택
⑤	이미지	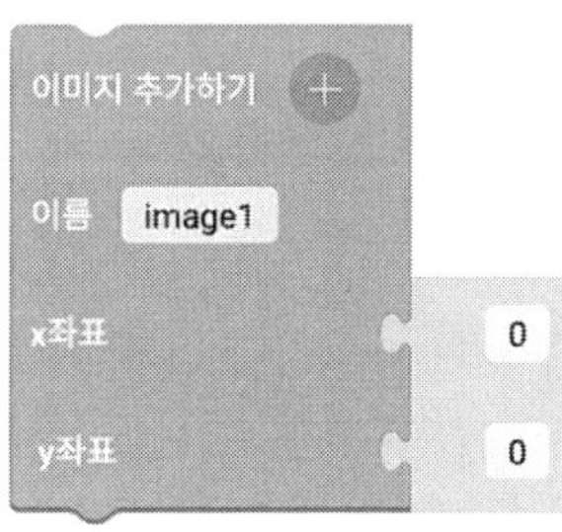	image1	이 블록을 "시작할 때" 블록 안에 놓음
⑥				클릭하고 이미지 를 선택
⑦				'x좌표'에 120, 'y좌표'에 200을 입력
⑧			image1	이 블록을 끌어 "시작할 때" 블록 외부 아래에 놓음

[표 2-8] Light 앱에 사용된 블록 (계속)

순서	그룹	블록	이름	속성 처리
⑨	로직			이 블록을 끌어 "이미지 누를 때" 블록의 슬롯에 끼움
⑩				이 블록을 끌어 "만약 참이면 아니면" 블록의 우측 상단에 슬롯에 끼움
⑪	데이터		power	이 블록을 끌어  블록의 우측 상단 슬롯에 끼움
⑫	로직			이 블록을 의 우측 하단 슬롯에 끼움
⑬	데이터		power	이 블록을 끌어 "만약 참이면 아니면" 블록의 '아니면' 슬롯에 끼움
⑭	로직			이 블록을 끌어 "변수 power" 블록의 우측 슬롯에 끼움
⑮	데이터		power	이 블록을 끌어 "만약 참이면 아니면" 블록의 '아니면' 슬롯에 끼움
⑯	로직			이 블록을 끌어 "변수 power" 블록의 우측 슬롯에 끼움

[표 2-8] Light 앱에 사용된 블록 (계속)

순서	그룹	블록	이름	속성 처리
⑰	디바이스			이 블록을 끌어 ⑬ "변수" 블록 아래에 놓고 '켜기'를 '끄기'로 선택
⑱				이 블록을 끌어 ⑮ "변수" 블록 아래에 놓음
⑲	이미지		image1	이 블록을 끌어 ⑰ "손전등" 블록 아래에 놓음
⑳				이 블록의 클릭하고 이미지 를 선택
㉑				이 블록을 끌어 ⑱ "손전등" 블록 아래에 놓음
㉒				이 블록의 클릭하고 이미지 를 선택

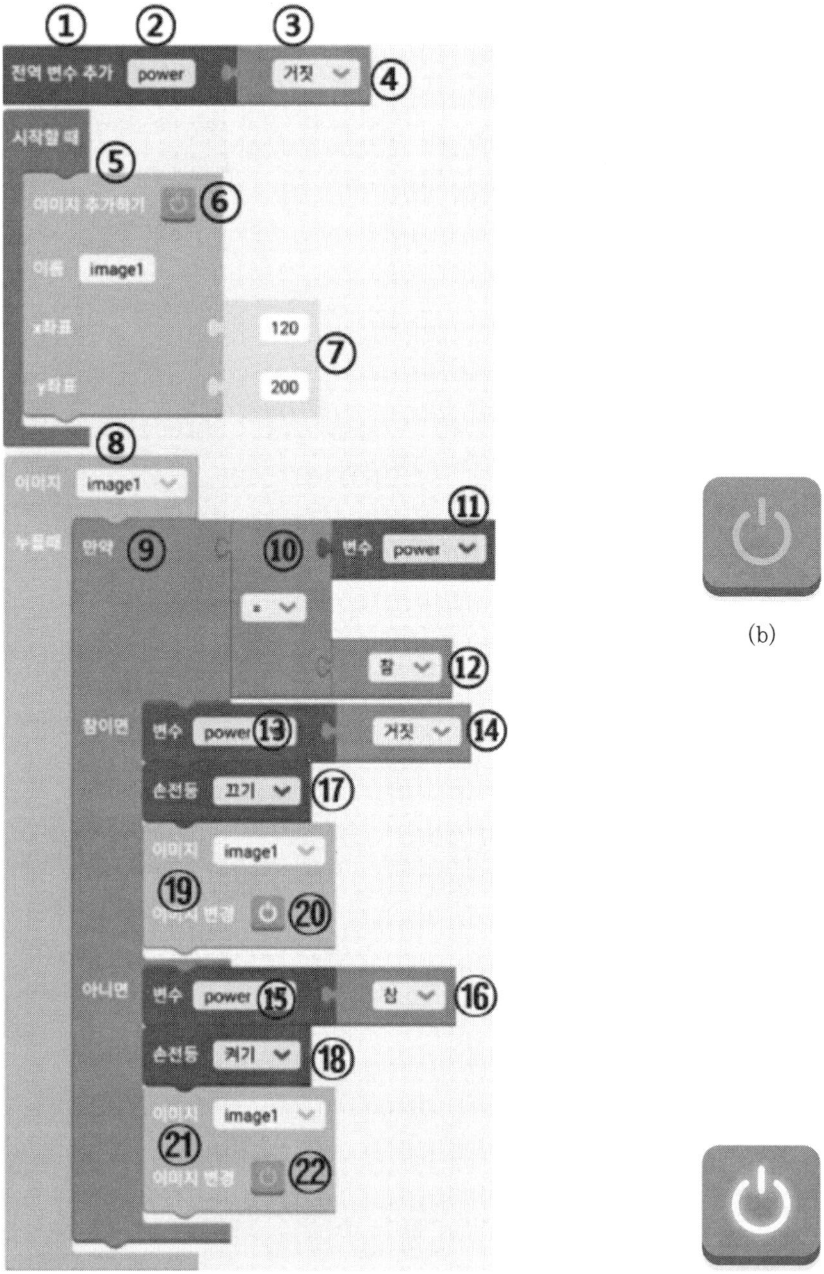

(a) (b) (c)

[그림 2-8] 완성된 코드 및 실행화면

2.7 센서 조명

- 화면에 표시된 조도값이 50 이하면 조명이 켜진다.
- 핸디 코드에서 새 프로젝트를 열고 프로젝트 이름 'Sensor light'로 저장한다.
- [표 2-9]에 보인 블록을 사용하여 [그림 2-9(a)]의 완성된 코드를 만든다.
- 실행 버튼을 클릭한다. 조도값에 따라 조명이 점멸하는지 확인한다.

[표 2-9] Senosr light 앱에 사용된 블록

순서	그룹	블록	이름	속성 처리
①	디바이스			이 블록을 끌어 "시작할 때" 블록 안에 놓음
②	텍스트		text1	이 블록을 끌어 "조도센서 기능실행" 블록 아래에 놓음
③				이 블록의 " "에 "밝기값:"을 입력하고, 'x'와 'y'에 각각 50을 입력
④	로직			이 블록을 끌어 "텍스트 추가하기" 블록 아래에 놓음
⑤	텍스트		text1	이 블록을 끌어 "계속 반복" 블록 안에 끼움
⑥	계산			이 블록을 끌어 ⑤ "텍스트" 블록의 우측 슬롯에 끼움

[표 2-9] Senosr light 앱에 사용된 블록 (계속)

순서	그룹	블록	이름	속성 처리
⑦	텍스트			이 블록을 끌어 ⑥ 산술 연산( ) 블록의 우측 상단 슬롯에 끼우고, 문자열 "안녕하세요."를 "밝기값:"으로 변경
⑧	디바이스			이 블록을 끌어 ⑥ 산술연산 블록( )의 우측 하단 슬롯에 끼움
⑨	로직	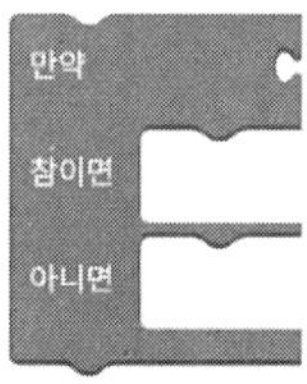		이 블록을 끌어 ⑤ "텍스트" 블록 아래에 놓음
⑩				이 블록을 끌어 ⑨ "만약 참이면 아니면" 블록의 '만약' 슬롯에 끼우고, ⌄를 클릭 ≤를 선택
⑪	디바이스			이 블록을 끌어 ⑩ 비교연산 블록( )의 우측 상단 슬롯에 끼움
⑫	계산			이 블록을 끌어 ⑩ 비교연산 블록( )의 우측 하단 슬롯에 끼우고 숫자를 50으로 변경
⑬	디바이스			이 블록을 끌어 ⑨ "만약 참이면 아니면" 블록의 '참이면' 슬롯에 끼움
⑭				이 블록을 끌어 ⑨ "만약 참이면 아니면" 블록의 '아니면' 슬롯에 끼우고, ⌄를 클릭 '끄기'로 변경

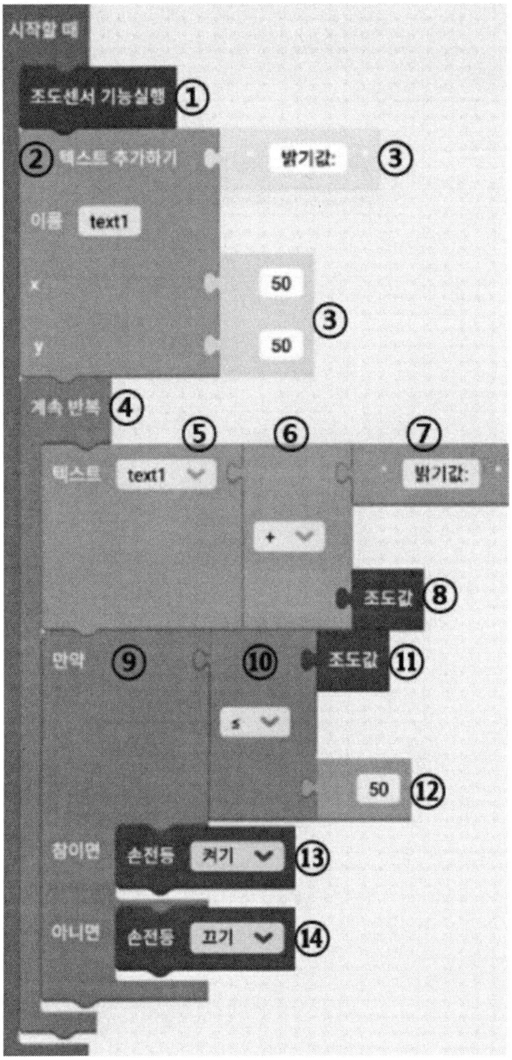

(a)

(b)

[그림 2-9] 완성된 코드 및 실행화면

2.8 나침반

- 스마트 폰을 회전시킴에 따라 나침반 바늘이 움직인다.
- 핸디 코드에서 새 프로젝트를 열고 프로젝트 이름 'Compass'로 저장한다.
- [표 2-10]에 보인 블록을 사용하여 [그림 2-10(a)]의 완성된 코드를 만든다.
- 실행 버튼을 클릭한다. 나침반이 화면에 표시되고([그림 2-10(b)]).

[표 2-10] Compass 앱에 블록

순서	그룹	블록	이름	속성 처리
①	디바이스	나침반 기능실행		이 블록을 끌어 "시작할 때" 블록 안에 놓음
②	이미지	이미지 추가하기 + / 이름 image1 / x좌표 0 / y좌표 0	image1	이 블록을 끌어 "나침반 기능실행" 블록 아래에 놓고, 'x좌표'와 'y좌표'를 각각 10, 50으로 변경한 후, + 을 클릭해서 나침반 이미지( )를 선택
③				이 블록을 하나 더 끌어 "이미지 추가하기" 블록 아래에 놓고 x좌표'와 'y좌표'를 각각 10, 50으로 변경한 후, + 을 클릭해서 나침반 바늘 이미지( )를 선택
④	로직	계속 반복		이 블록을 끌어 ③의 두 번째 "이미지 추가하기" 블록 아래에 놓음
⑤	이미지	이미지 image1 / 각도 변경 0	image2	이 블록을 끌어 "계속 반복" 블록 안에 놓고, 을 클릭 'image2'를 선택

[표 2-10] Compass 앱에 블록 (계속)

순서	그룹	블록	이름	속성 처리
⑥	디바이스	방위각		이 블록을 끌어 "이미지 각도 변경" 블록의 우측 슬롯에 끼움
⑦	로직	기다리기 밀리초 1000		이 블록을 끌어 "이미지 각도변경" 블록 아래에 놓고, 숫자 1000을 100으로 변경

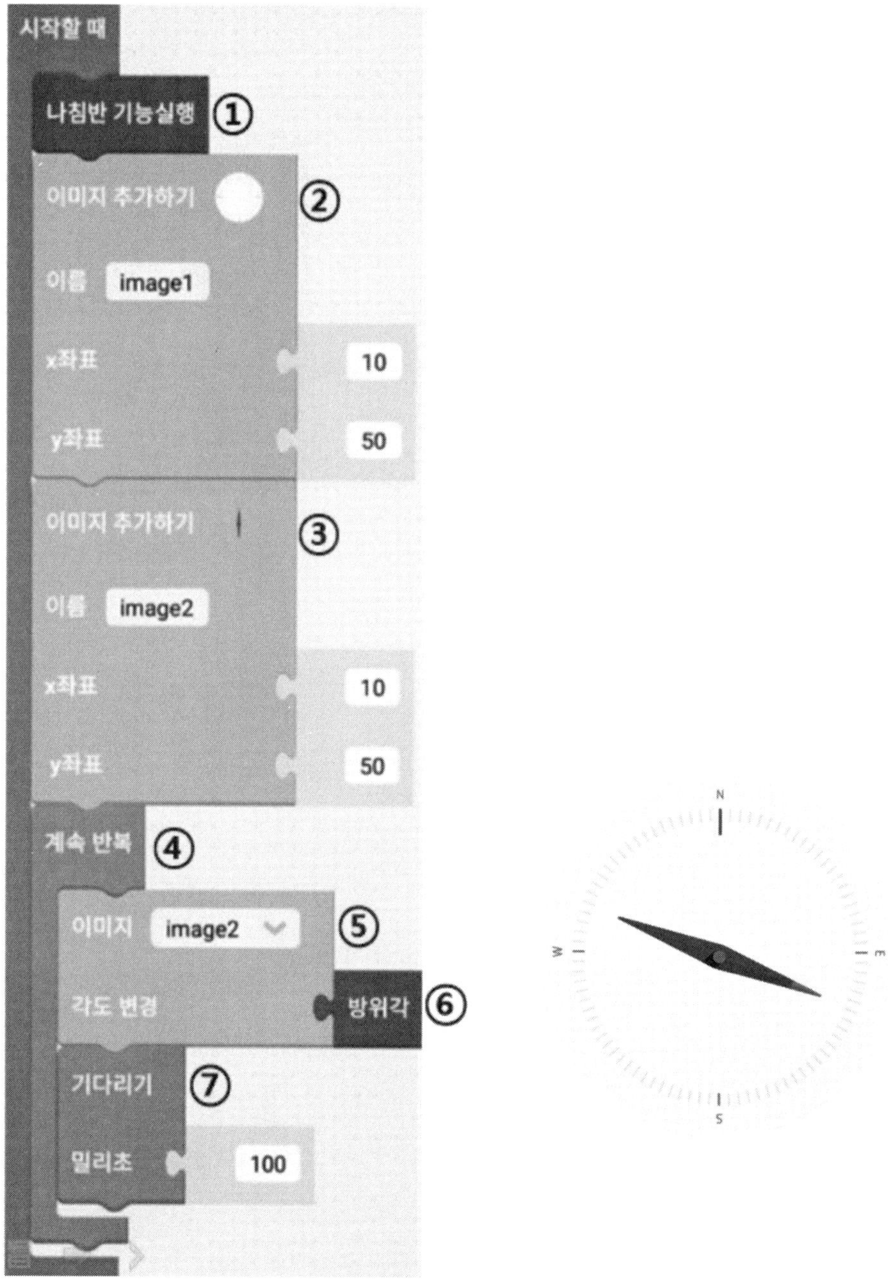

[그림 2-10] 완성된 코드 및 실행화면

제3장

변수

사용자의 입력 데이터 또는 계산 결과 등의 데이터를 기억 장치에 저장하기 위해 변수(Variable)를 사용한다. 변수는 기억 장치에서 데이터를 저장하는 공간에 붙여진 이름이다. 변수를 사용하면 프로그램을 다시 코딩하지 않고 데이터를 변경하고 그 값을 저장할 수 있다. 변수의 이름(변수명)은 해당 변수의 기능(역할)을 알 수 있는 이름으로 정하는 것이 좋다. 예를 들어 직사각형의 각 변의 크기를 저장하는 변수는 '높이(width 또는 w)', '폭(height 또는 h)', 평균한 값을 저장하는 변수는 '평균(average 또는 avg)', 계산 합을 저장하는 변수는 '합(total 또는 sum)'으로 이름을 붙이면 해당 변수가 무엇을 가리키는지 쉽게 파악할 수 있다. 이는 복잡하고 크기가 큰 프로그램에서 오류를 찾아낼 때 유용하다.

변수를 사용하려면 변수의 이름, 변수의 데이터 유형 및 초기 값을 지정해야 하는데 이를 변수 선언이라고 한다. 변수는 그 유효 범위에 따라 지역변수와 전역변수가 있다.

- 지역 변수(Local variable): 변수가 선언된 함수 안에서만 사용 가능하며 그 함수 외부의 프로그램에서는 사용할 수 없는 변수
- 전역 변수(Global variable): 함수 외부에 선언되어서 프로그램의 어떤 곳이나 어떤 함수에서도 사용할 수 있는 변수

핸디코드는 

그룹에 전역변수와 지역변수 선언을 위해 다음과 같은 블록을 제공한다.

- 

: 전역변수로 "시작할 때", 이벤트 처리 블록 또는 사용자가 만든 함수 블록 외부에 선언
- 

: 이 블록의 변수에 값을 받을 때 사용
- 

: 이 블록을 끼울 블록에 변수 값을 줄 때 사용

- 

: 변수 값을 저장할 때 사용
- 

: 변수 값을 불러오기 할 때(읽을 때) 사용

신장과 체중으로 비만도를 측정하는 신체질량지수(BMI: Body Mass Index)를 계산하는 앱을 만들어 보자. 질병관리본부에서 제공하는 지수 계산법은 다음과 같지만 운동선수, 임산부, 어린이와 노인에게는 맞지 않을 수 있다.

BMI 지수 = 몸무게(kg) ÷ (신장(m) * 신장(m))

가령, 몸무게가 55kg이고 신장 165cm이면 BMI지수 = 55 ÷ (1.65 * 1.65) = 20.22이다.

BMI 지수에 따라 비만도를 아래와 같이 구분한다.

0 ~ 18.5: 저체중
18.5 ~ 23: 정상
23 ~ 25: 과체중
25 ~ 30: 약한 비만
30 ~ : 비만

BMI 지수 계산 앱을 위한 시나리오는 다음과 같다.

① BMI 지수 계산에는 입력 데이터로 신장과 체중을, 출력 데이터로 계산 결과인 BMI 값을 갖는다. 이들 데이터는 변경되므로 이를 변수로 만든다. 입력 데이터 변수로 '신장', '체중'을 출력 변수로 'BMI'를 전역변수로 선언한다([그림 3-1(a)]).

② "텍스트 추가하기" 블록으로 '체중' 및 '신장'을 서로 다른 줄에 표시하고 사용자로부터 이들에 대한 데이터를 입력받기 위해 "입력창 추가하기" 블록을 사용한다.

③ 입력창에서는 사용자가 자판에서 숫자와 '완료' 버튼을 입력하면 이 데이터를 불러와 해당 전역변수에 대입되도록 "입력창 완료시" 블록을 사용한다. 이 블록은 이벤트 처리 블록으로 "시작할 때" 블록 외부에 위치한다.

④ 입력창 아래에 "이미지 추가하기" 블록을 사용하여 BMI 계산을 위한 버튼을 추가한다([그림 3-1(a)]).

⑤ 이 버튼 아래에 "텍스트 추가하기" 블록을 사용하여 버튼 클릭으로 계산한 BMI 지수를 표시한다.

⑥ "이미지 추가하기" 블록으로 표시한 이미지를 버튼으로 사용하기 위해 "이미지 땔 때" 블록을 사용한다. 이 블록은 이벤트 처리 블록으로 그 내부에 BMI 지수의 계산 및 결과 표시를 위한 블록들이 위치한다([그림 3-1(b)]).

핸디 코드에서 새 프로젝트를 열고 프로젝트 이름을 'BMI'로 저장한다. [표 3-1]의 블록을 사용하여 [그림 3-1]과 같이 코딩한다.

[표 3-1] BMI 앱에 사용된 블록

순서	그룹	블록	이름	속성 처리
①	데이터		bmi	이 블록을 "시작할 때" 블록 외부 위에 놓고 이름을 'bmi'로 변경
			신장	이 블록을 "시작할 때" 블록 외부 위에 놓고 이름을 '신장'로 변경
			체중	이 블록을 "시작할 때" 블록 외부 위에 놓고 이름을 '체중'로 변경

[표 3-1] BMI 앱에 사용된 블록 (계속)

순서	그룹	블록	이름	속성 처리
②	텍스트		textTitle	이 블록을 "시작할 때" 블록 안에 놓고 이름을 textTitle, 문자열을 '신체지방지수(bmi)'로 변경, x, y는 110과 20으로 변경
③			textKg	이 블록을 ② "텍스트 추가하기" 블록 아래에 놓고 이름을 textKg, 문자열을 '체중(kg)'로 변경, x, y는 30과 80으로 변경
④			editTextKg	이 블록을 ③ "텍스트 추가하기" 블록 아래에 놓고 이름을 editTextKg, x, y는 0과 100으로 변경
⑤			textCm	이 블록을 ④ "입력창 추가하기" 블록 아래에 놓고 이름을 textCm, 문자열을 '신장(cm)'로 변경, x, y는 30과 150으로 변경
⑥			editTextCm	이 블록을 ⑤ "텍스트 추가하기" 블록 아래에 놓고 이름을 editTextCm로, x, y는 0과 170으로 변경

[표 3-1] BMI 앱에 사용된 블록 (계속)

순서	그룹	블록	이름	속성 처리
⑦	텍스트		editTextCm	이 블록을 ⑥ "입력창 추가하기" 블록 아래에 놓고 이름을 'editTextCm'로 변경
⑧			editTextKg	이 블록을 ⑦ "입력창" 블록 아래에 놓고 이름을 'editTextKg'로 변경
⑨	이미지	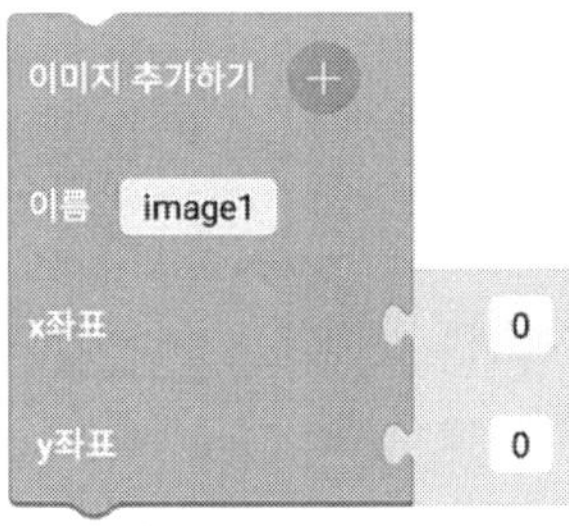	imageButton	이 블록을 끌어 ⑧ "입력창" 블록 아래에 놓음 이름을 'imageButton'으로 변경  클릭하고 bmi 아이콘 이미지를 선택 'x좌표'에 120, 'y좌표'에 220을 입력
⑩			imageButton	이 블록을 "시작할 때" 블록 외부 아래에 놓고 'imageButton' 선택
⑪	데이터		bmi	변수 bmi 블록을 ⑩ "이미지 뗄때" 블록에 끼움
⑫	계산			이 블록을 ⑪ "변수 bmi" 블록의 우측 슬롯에 끼움 나누기(÷) 연산자 선택
⑬	데이터		체중	이 블록을 ⑫ 의 우측 상단 슬롯에 끼움

[표 3-1] BMI 앱에 사용된 블록 (계속)

순서	그룹	블록	이름	속성 처리
⑭	+ − × = 계산			이 블록을 ⑫ 의 우측 하단 슬롯에 끼움 곱하기 연산자 선택
⑮				이 블록을 ⑭ 의 우측 상단 슬롯에 끼움 나누기 연산자 선택
⑯	데이터		신장	이 블록을 ⑮ 의 우측 상단 슬롯에 끼움
⑰	+ − × = 계산			이 블록을 ⑮ 의 우측 하단 슬롯에 끼움 숫자를 100으로 변경
⑱				이 블록을 ⑭ 의 우측 하단 슬롯에 끼움 나누기 연산자 선택
⑲	데이터		신장	이 블록을 ⑱ 의 우측 상단 슬롯에 끼움
⑳	+ − × = 계산			이 블록을 ⑱ 의 우측 하단 슬롯에 끼움 숫자를 100으로 변경

[표 3-1] BMI 앱에 사용된 블록 (계속)

순서	그룹	블록	이름	속성 처리
㉑	텍스트	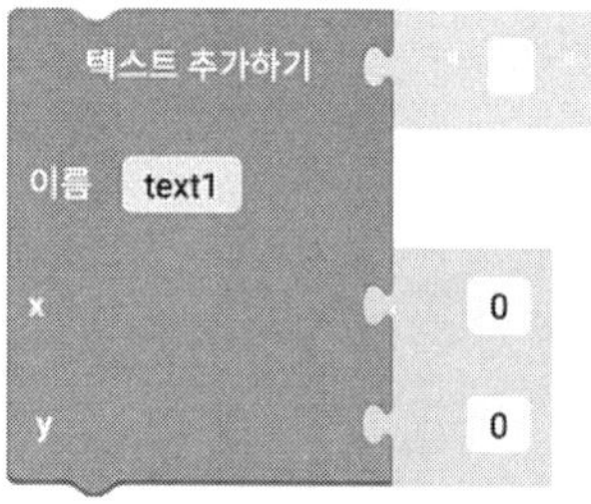	textResult	이 블록을 ⑪ "변수 bmi" 블록 아래에 놓음 이름을 'textResult'로 x, y를 165, 380으로 변경
㉒	데이터		bmi	"변수 bmi" 블록을 ㉑ "텍스트 추가하기" 우측 상단 슬롯에 끼움
㉓	텍스트			이 블록을 "시작할 때" 블록 외부에 놓음 'editTextCm' 선택
㉔	데이터		신장	"변수 신장" 블록을 ㉓ "입력창 완료시" 블록에 끼움
㉕	텍스트		editTextCm	"editTextCm 입력창" 블록을 ㉔ "변수 신장" 블록의 우측 슬롯에 끼움
㉖	텍스트			이 블록을 "시작할 때" 블록 외부에 놓음 'editTextKg' 선택
㉗	데이터		체중	"변수 체중" 블록을 ㉖ "입력창 완료시" 블록에 끼움
㉘	텍스트		editTextKg	"editTextKg 입력창" 블록을 ㉗ "변수 체중" 블록의 우측 슬롯에 끼움

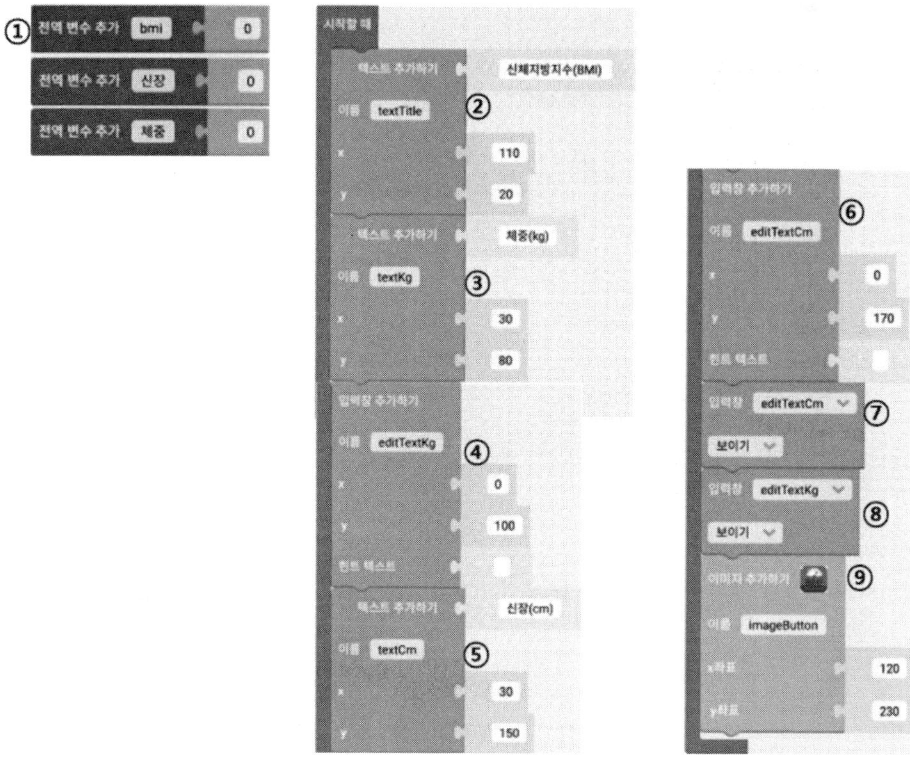

(a)

[그림 3-1] BMI 코딩 화면

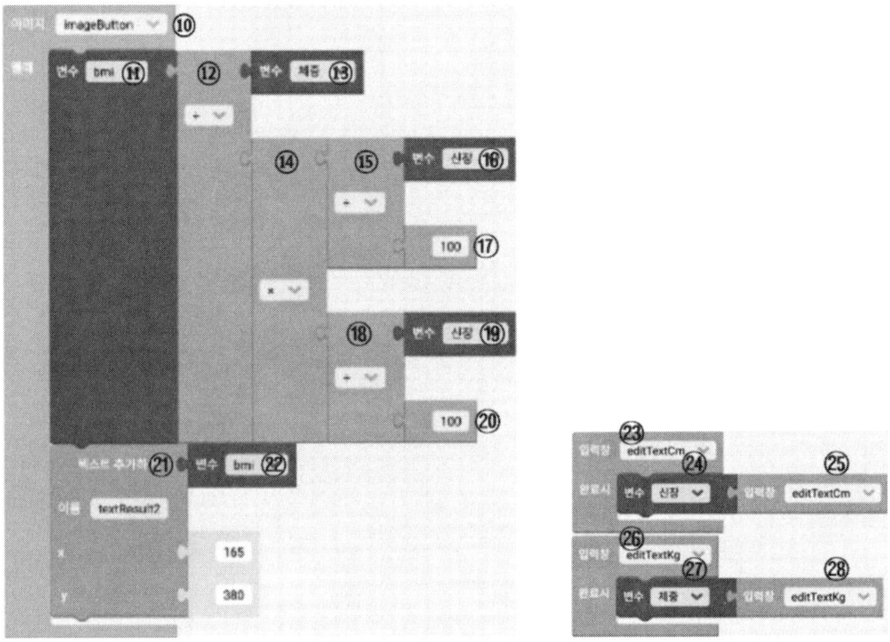

(b)

[그림 3-1] BMI 코딩 화면(계속)

코딩을 실행하면 [그림 3-2]의 화면이 보인다. 체중 및 신장을 입력하기 위해 입력 상자를 클릭하면 자판이 나온다. 숫자를 입력하고 '완료' 버튼을 클릭한다([그림 3-2(a)]). '완료' 버튼을 클릭해야 입력 값이 해당 전역변수에 건네진다. '체중'과 '신장'을 모두 입력하였으면 화면 중앙의 'BMI' 아이콘 버튼을 클릭한다. 계산 결과가 아이콘 아래에 보인다([그림 3-2(b)]).

(a) (b)

[그림 3-2] BMI 실행 화면

입력 데이터를 변경해 계산한다. 계산된 BMI 값이 이전 값 위에 표시된다. 이전 계산 표시를 지운 후 새로운 값을 표시하도록 코딩을 수정해야 한다. 이를 위해 [그림 3-1(a)]의 "이미지 땔때" 블록 내부에서 [표 3-2]의 블록을 사용해 화면을 지운 후 계산 결과를 표시하도록 [그림 3-3]과 같이 코딩을 변경한다. 이를 위해 결과 화면에서 버튼 아래 부분에 표시할 흰색의 이미지 파일이 필요하다. 이 파일을 만들어 앱의 "Download〉HandyCode" 경로에 놓는다.

[표 3-2] BMI 수정에 사용된 블록

순서	그룹	블록	이름	속성 처리
㉙	 이미지		지우기	이 블록을 ⑪ "변수 bmi" 블록과 ⑫ "텍스트 추가하기" 블록 사이에 놓음 이름을 '지우기'로 변경 + 클릭하고 흰색 배경 이미지를 선택 'x좌표'에 10, 'y좌표'에 375을 입력

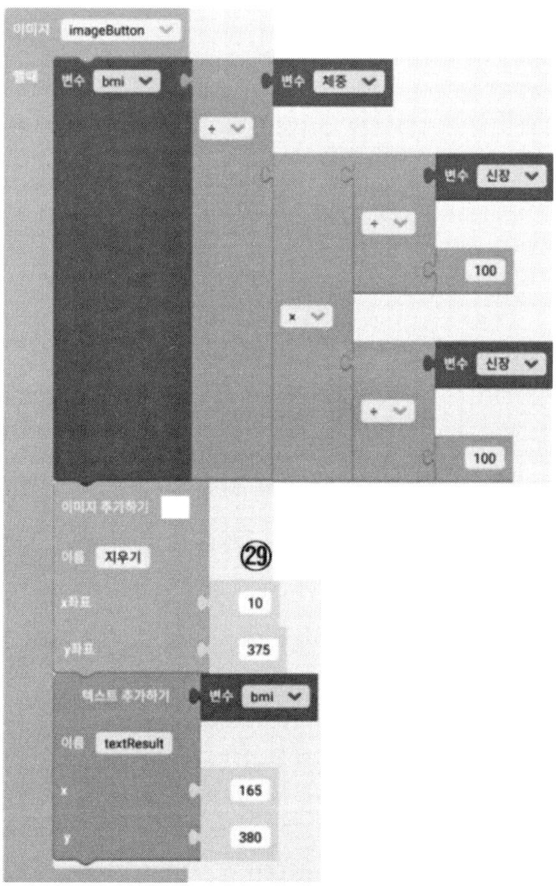

[그림 3-3] BMI 수정된 코딩

제4장

조건 선택

4.1 조건문

우리는 매일 특정 조건에서 어떤 행동을 할지 결정해야 하고 이때 선택이라는 행동을 한다. 가령, '만약 비가 오면' 또는 '비가 오지 않으면'과 같이 조건 선택을 하고 그에 따른 행동을 하게 된다. 프로그램도 마찬가지이다. 프로그램에서 선택할 상황에 놓이면 '만약~이면(if), 아니면(else)'의 구문이 가장 일반적으로 사용된다. 이 구문의 순서도 표시 및 핸디 코드의 조건 선택 블록은 [그림 4-1]과 같다.

만약 (조건) 참이면 명령 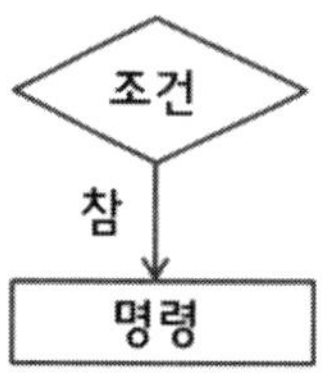	if (조건) 명령	
만약 (조건) 참이면 명령1 아니면 명령2 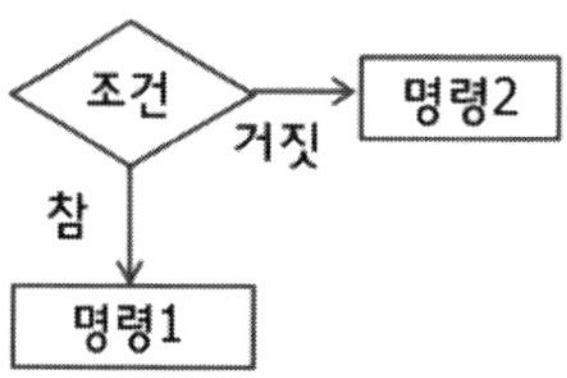	if (조건) 명령1 else 명령2	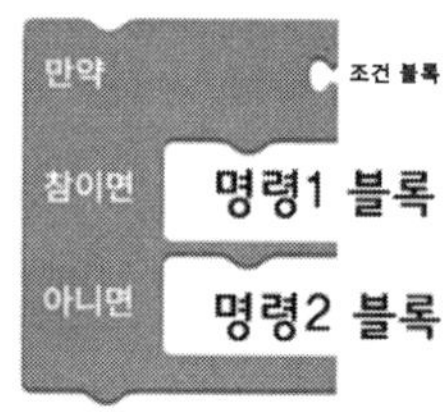

[그림 4-1] 조건 선택 순서도 및 핸디코드의 조건 선택 블록

- 순서도・흐름도(Flowcharts) : 순서도란 화살표로 연결된 여러 도형을 사용하여 처리할 명령(사건)을 도표로 나타낸 것이다([그림 4-2]). 순서도의 시작과 끝을 나타낼 때는 보통 타원을, 입력과 출력은 평행사변형을, 조건 선택은 마름모를, 기타 작업은 직사각형을 사용한다. 화살표는 처리 순서(흐름)를 보인다. 순서도는 컴퓨터 프로그래밍을 계획하는 데 있어 매우 유용하기 때문에 순서도를 먼저 작성하고 코딩을 한다.

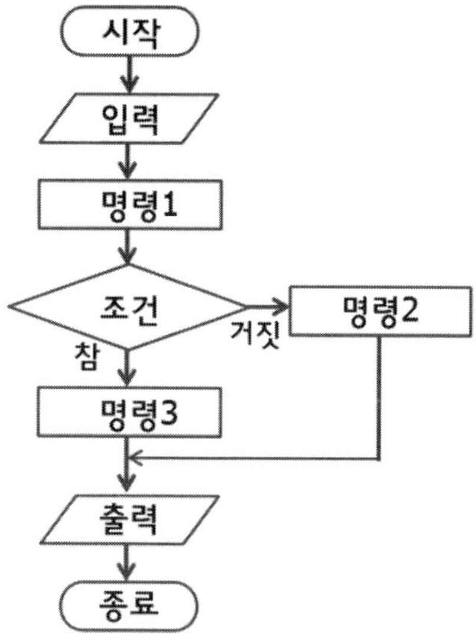

[그림 4-2] 순서도

4.2 관계 및 논리 연산자

에어컨을 냉방이나 제습으로 동작시킬 때 두 개의 조건 '온도'와 '습도'를 다음과 같이 고려한다고 가정하자.

냉방은 '온도가 28도 이상'이거나 '습도가 80% 이상'이면 동작한다.
제습은 '온도가 28도가 미만'이고 '습도가 80% 이상'이면 동작한다.

위 두 개의 문장을 일반적인 프로그래밍 구문으로 표시하면 다음과 같다.

If (온도 ≥ 28) | (습도 ≥ 80) '냉방' 가동
If (온도 〈 28) & (습도 ≥ 80) '제습' 가동

이처럼 조건을 구성하려면 비교나 여러 조건의 논리적인 결합이 필요하다. 따라서 비교를 위한 관계 연산자([표 4-1])와 논리적 결합을 위한 논리 연산자([표 4-2])가 필요하다. 논리곱은 모든 명제가 참일 때에만 참이고 명제가 하나라고 거짓이면 거짓이 된다. 논리합은 모든 명제가 거짓일 때 거짓이고 명제가 하나라도 참이면 참이 된다.

[표 4-1] 관계 연산자

기호	의미	핸디 코드 관계 연산자	
<	보다 작다	 클릭 후 선택	<
>	보다 크다		>
<=	보다 작거나 같다		≤
>=	보다 크거나 같다		≥
==	같다		=
!=	같지 않다		≠

[표 4-2] 논리 연산자

기호	의미	핸디 코드 논리 연산자	
&	논리곱(and)	 클릭 후 선택	&
|	논리합(or)		|

위의 두 가지 '냉방' 및 '제습' 조건을 핸디 코드로 구현하면 [그림 4-3]과 같다.

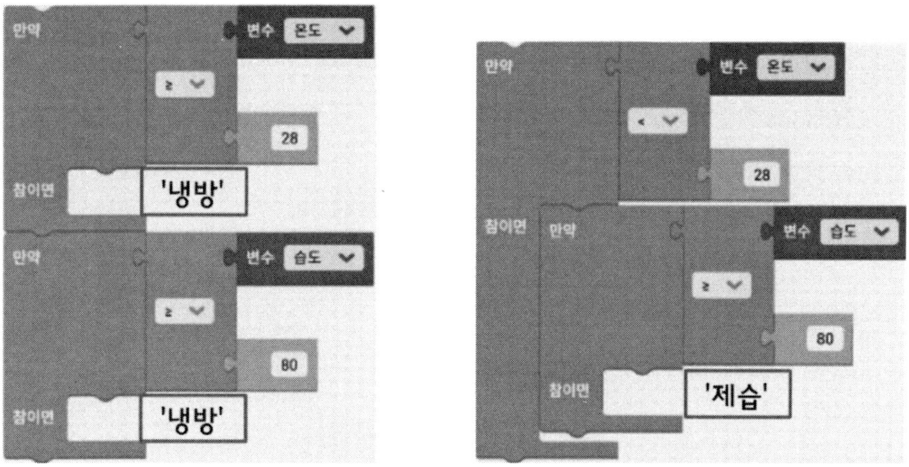

(a) 냉방　　　　　(b) 제습

[그림 4-3] 핸디 코드로 구현한 냉방 및 제습 조건

4.3 BMI 앱

3장에서 완성한 BMI 앱에서 BMI 지수와 함께 아래 조건에 따른 " "의 메시지를 표시한다. 이를 위해 [그림 4-4]와 같은 핸디 코드 블록을 사용한다. 조건이 5가지이므로 "만약 참이면 거짓이면" 블록 4개를 사용한다. "만약 참이면 거짓이면" 블록의 "거짓이면" 슬롯에 3개의 블록이 차례대로 끼워진다.

- 0 ~ 19: "저체중입니다!"
- 19 ~ 23: "정상 체중입니다!"
- 23 ~ 25: "과체중입니다!"
- 25 ~ 30: "약한 비만입니다!"
- 30 ~ : "고도 비만입니다!"

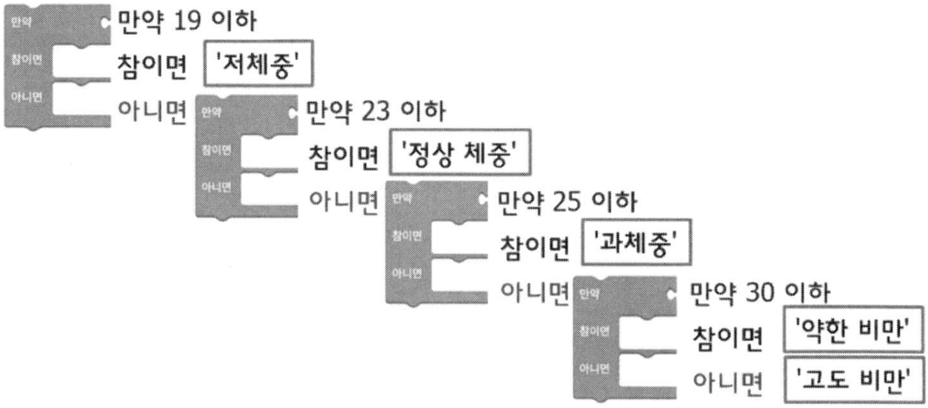

[그림 4-4] 핸디 코드로 구현한 비만도 구분 조건

[표 4-3]~[표 4-6]의 블록을 사용하여 3장에서 완성한 코드의 “이미지 땔때 〉 텍스트 추가하기” 블록 아래에 [그림 4-5]~[그림 4-8](최종 [그림 4-9])의 코드를 추가한다.

[표 4-3] 조건 선택에 사용된 블록

순서	그룹	블록	이름	속성 처리
①	로직	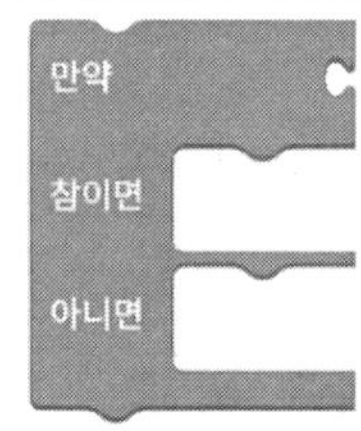		이 블록을 “이미지 땔때〉텍스트 추가하기” 블록 아래에 놓음
②				이 블록을 ① “만약 참이면 아니면” 블록 우측 슬롯에 끼움 연산자 ≤를 선택
③	데이터		bmi	이 블록을 ②  블록 우측 상단 슬롯에 끼움

[표 4-3] 조건 선택에 사용된 블록 (계속)

순서	그룹	블록	이름	속성 처리
④				이 블록을 ②  블록 우측 하단 슬롯에 끼우고 숫자 19로 변경
⑤			textResult3	이 블록을 ① "만약 참이면 아니면" 블록의 "참이면" 슬롯에 끼움 이름을 textResult3로 변경 문자열 "저체중입니다!"를 입력 x, y에 135, 410을 입력

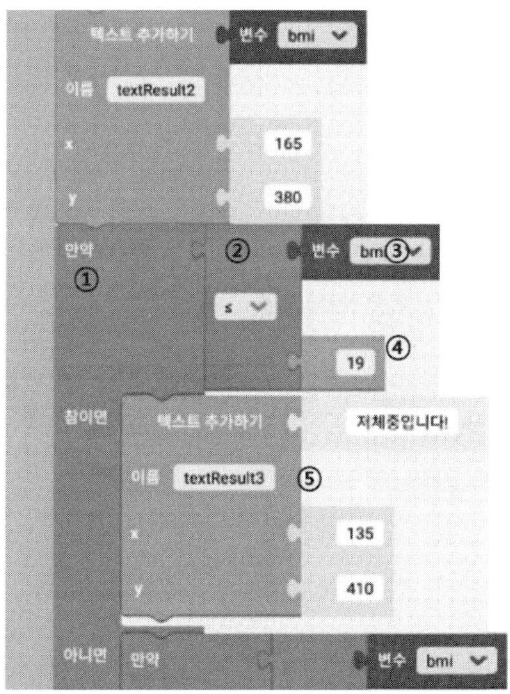

[그림 4-5] 조건 선택 코딩

[표 4-4] 조건 선택에 사용된 블록

순서	그룹	블록	이름	속성 처리
⑥	로직	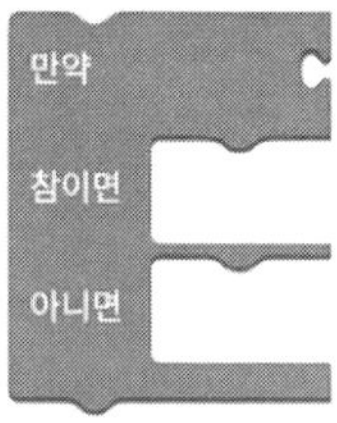		이 블록을 ① "만약 참이면 아니면" 블록의 "아니면" 슬롯에 끼움
⑦				이 블록을 ⑥ "만약 참이면 아니면" 블록의 우측 상단 슬롯에 끼움 연산자 ≤를 선택
⑧	데이터		bmi	이 블록을 ⑦  블록 우측 상단 슬롯에 끼움
⑨	계산			이 블록을 ⑦  블록 우측 하단 슬롯에 끼우고 숫자 23로 변경
⑩	텍스트		text-Result4	이 블록을 ⑥ "만약 참이면 아니면" 블록의 "참이면" 슬롯에 끼움 이름을 textResult4로 변경 문자열 "정상체중입니다!"를 입력 x, y에 135, 410을 입력

[표 4-4] 조건 선택에 사용된 블록 (계속)

순서	그룹	블록	이름	속성 처리
⑪	로직	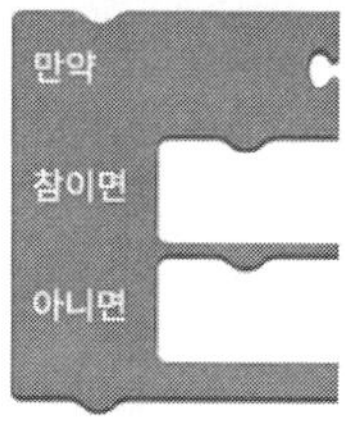		이 블록을 ⑥ "만약 참이면 아니면" 블록의 "아니면" 슬롯에 끼움
⑫				이 블록을 ⑪ "만약 참이면 아니면" 블록의 우측 상단 슬롯에 끼움 연산자 ≤를 선택
⑬	데이터		bmi	이 블록을 ⑫  블록 우측 상단 슬롯에 끼움
⑭	계산			이 블록을 ⑫  블록 우측 하단 슬롯에 끼우고 숫자 25로 변경

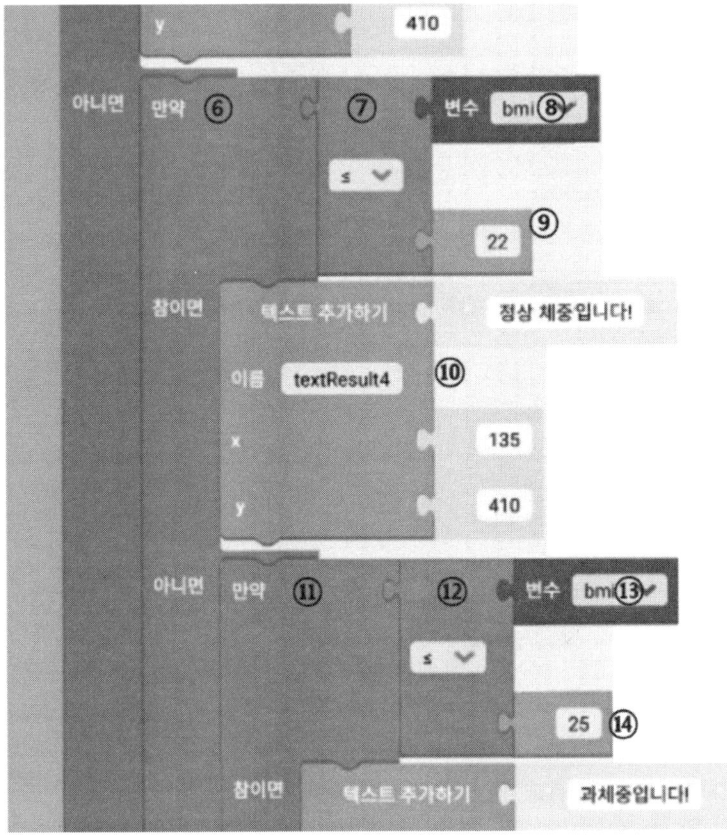

[그림 4-6] 조건 선택 코딩

[표 4-5] 조건 선택에 사용된 블록

순서	그룹	블록	이름	속성 처리
⑮	T 텍스트	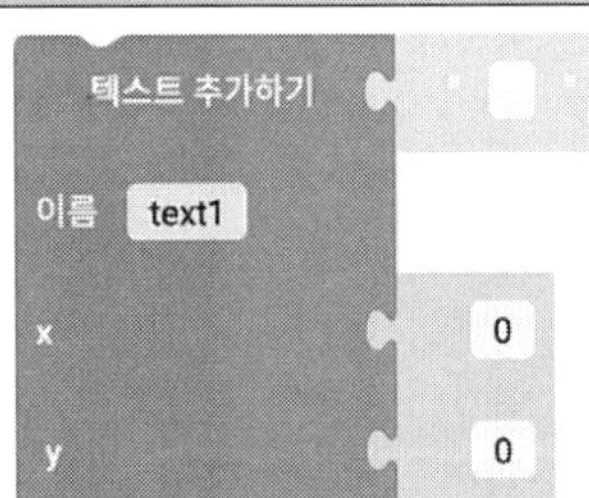	textResult5	이 블록을 ⑥ "만약 참이면 아니면" 블록의 "아니면" 슬롯에 끼움 이름을 textResult5로 변경 문자열 "과체중입니다!"를 입력 x, y에 135, 410을 입력

[표 4-5] 조건 선택에 사용된 블록 (계속)

순서	그룹	블록	이름	속성 처리
⑯	로직	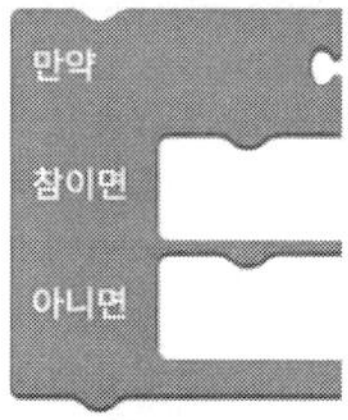		이 블록을 ⑪ "만약 참이면 아니면" 블록의 "아니면" 슬롯에 끼움
⑰				이 블록을 ⑯ "만약 참이면 아니면" 블록의 우측 상단 슬롯에 끼움 연산자 ≤를 선택
⑱	데이터		bmi	이 블록을 ⑰  블록 우측 상단 슬롯에 끼움
⑲	계산			이 블록을 ⑰  블록 우측 하단 슬롯에 끼우고 숫자 30로 변경

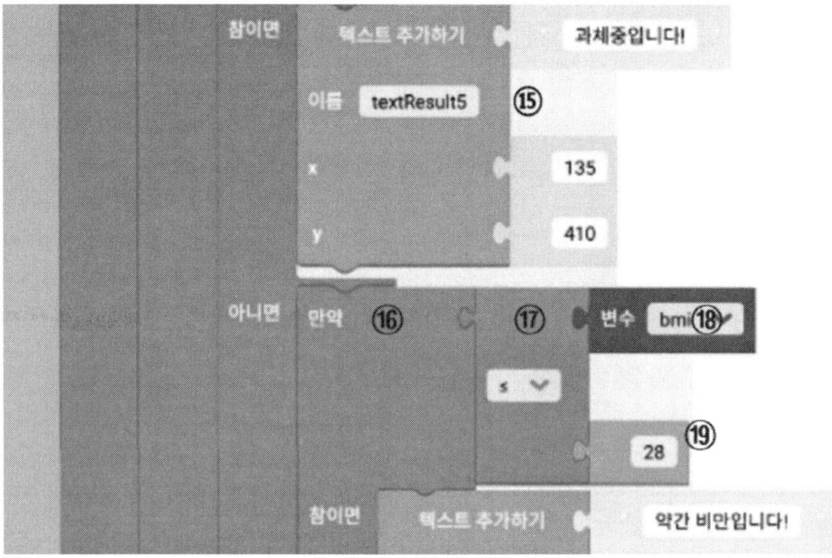

[그림 4-7] 조건 선택 코딩

[표 4-6] 조건 선택에 사용된 블록

순서	그룹	블록	이름	속성 처리
⑳			textResult6	이 블록을 ⑯ “만약 참이면 아니면” 블록의 “참이면” 슬롯에 끼움 이름을 textResult6로 변경 문자열 “약간 비만입니다!”를 입력 x, y에 135, 410을 입력
㉑			textResult7	이 블록을 ⑯ “만약 참이면 아니면” 블록의 “아니면” 슬롯에 끼움 이름을 textResult7로 변경 문자열 “고도 비만입니다!”를 입력 x, y에 135, 410을 입력

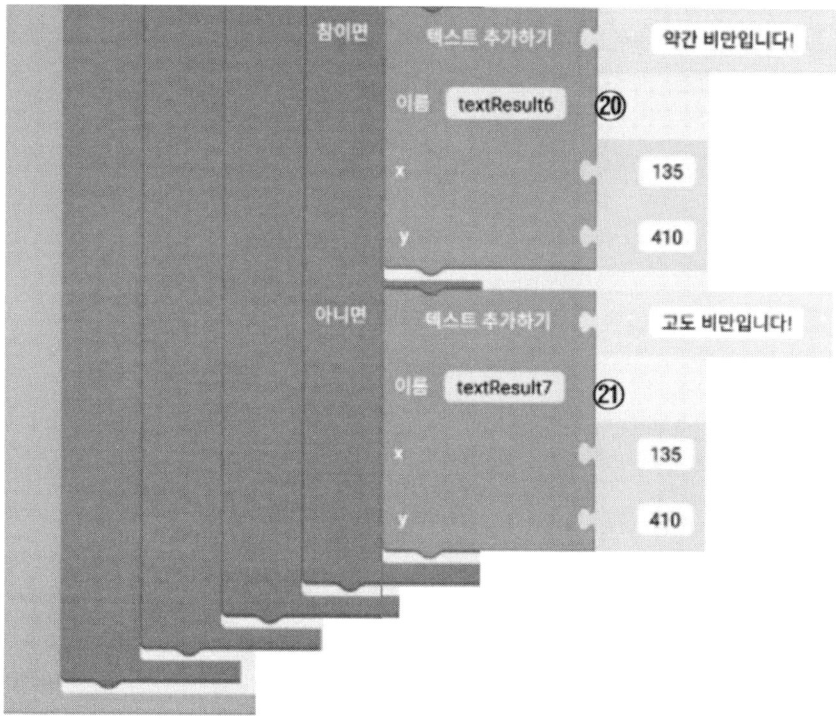
참이면
텍스트 추가하기
약간 비만입니다!
이름
textResult6
⑳
x
135
y
410
아니면
텍스트 추가하기
고도 비만입니다!
이름
textResult7
㉑
x
135
y
410

[그림 4-8] 조건 선택 코딩

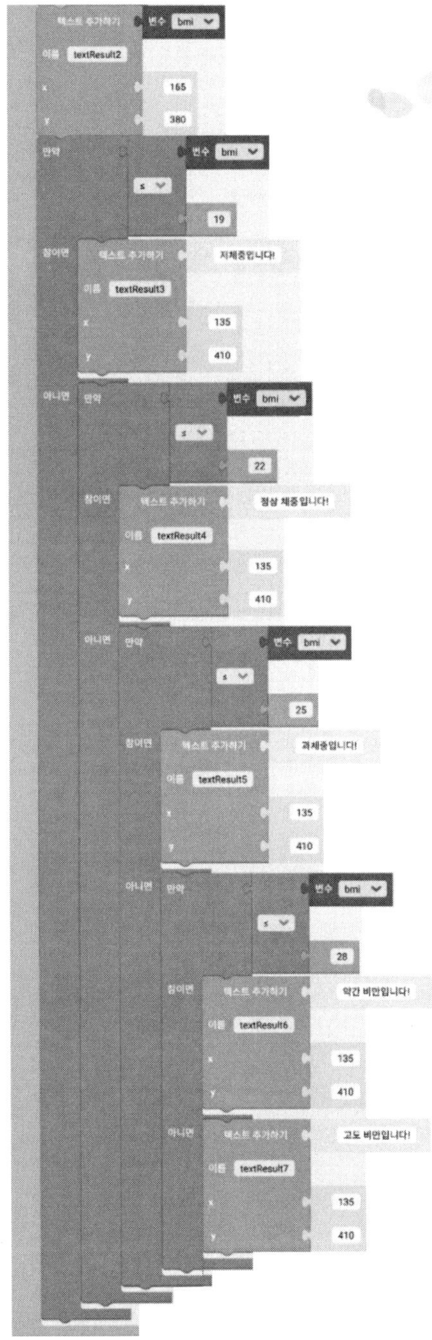

[그림 4-9] 완성된 BMI 조건 코드

[그림 4-9]의 코드를 실행하면 [그림 4-10]과 같이 BMI 지수 아래에 메시지가 출력된다.

[그림 4-10] 실행 화면

제5장

리스트

프로그래밍에서는 데이터 항목을 저장할 때 데이터 구조(Data Structure)라는 것을 사용한다. 일반적으로 많이 쓰이는 순차적 데이터 구조에는 배열(Array)과 리스트(List)가 있으며 프로그래밍 언어에 따라 배열과 리스트를 사용한다. 배열과 리스트에서는 데이터를 항목 순서에 따라 번호가 붙은 인덱스(Index)로 저장한다.

핸디 코드에서는 리스트를 사용하며 [표 5-1]과 같이 "데이터" 그룹 아래에 4개의 리스트 관련 블록있다. 리스트를 사용하는 방법은 다음과 같다.

① "리스트 추가" 블록으로 리스트를 생성하고 이름을 변경한다(변경하지 않으면 list1, list2 등으로 설정됨).

② "리스트 앞에 삽입" 또는 "리스트 뒤에 삽입" 블록으로 데이터 항목을 리스트에 입력

③ "리스트의 번째값"의 우측 슬롯에 값(인덱스)에 해당하는 데이터 항목을 지정

[표 5-1] 핸디 코드의 리스트 관련 블록

블록그룹	블록	설명
데이터		리스트를 생성할 때 사용
		현재 리스트의 인덱스가 가리키는 위치 다음에 데이터 항목을 삽입 ⌄를 클릭, 리스트를 지정 " "에 데이터 항목 입력
		현재 리스트의 인덱스가 가리키는 위치 앞에 데이터 항목을 삽입 ⌄를 클릭, 리스트를 지정 " "에 데이터 항목 입력
		⌄를 클릭, 리스트를 지정 숫자(인덱스)가 가리키는 위치의 데이터 항목

4장에서 BMI 지수 범위에 따라 5가지의 메시지를 표시하였다. 4장의 [그림 5-9]의 완성된 코드를 보면 5개의 메시지를 표시하기 위해 이름이 textResutl3 ~ textResult7

인 5개의 "텍스트 추가하기" 블록을 사용하였다. 이들 "텍스트 추가하기" 블록은 표시할 메시지의 내용만 다를 뿐 표시 위치(x, y)는 동일하기 때문에 "텍스트 추가하기" 블록 하나만 사용해 메시지를 표시하도록 수정할 수 있다. [그림 5-1]과 같은 리스트를 사용해 표시할 5개의 메시지를 리스트에 저장하고 "텍스트 추가하기" 블록에 표시할 메시지를 넘겨주면 된다. [표 5-2]의 블록을 사용해 [그림 5-2(a)]와 같이 '메시지'라는 이름의 리스트와 초기 값으로 0을 갖는 전역변수 '리스트 인덱스'를 생성한다. "시작할 때" 블록 안에서 메시지 리스트에 데이터 항목을 추가한다([그림 5-2(b)]).

인덱스 →

0	저체중입니다!
1	정상 체중입니다!
2	과체중입니다!
3	약한 비만입니다!
4	고도 비만입니다!

[그림 5-1] 메시지 리스트

[표 5-2] 리스트 '메시지' 생성을 위한 블록

순서	그룹	블록	이름	속성 처리
①	데이터	리스트 추가 list1	메시지	이 블록을 "시작할 때" 블록 외부에 놓음 이름을 '메시지'로 변경
②		전역 변수 추가 variable1	리스트 인덱스	이 블록을 "시작할 때" 블록 외부에 놓음 이름을 '리스트인덱스'로 변경
③		리스트 ⌄ 앞에 삽입		⌄를 클릭, '메시지' 리스트를 선택 " "에 "저체중입니다!" 입력
④		리스트 ⌄ 뒤에 삽입		⌄를 클릭, '메시지' 리스트를 선택 " "에 "정상체중입니다!" 입력 나머지 3개 블록도 처리

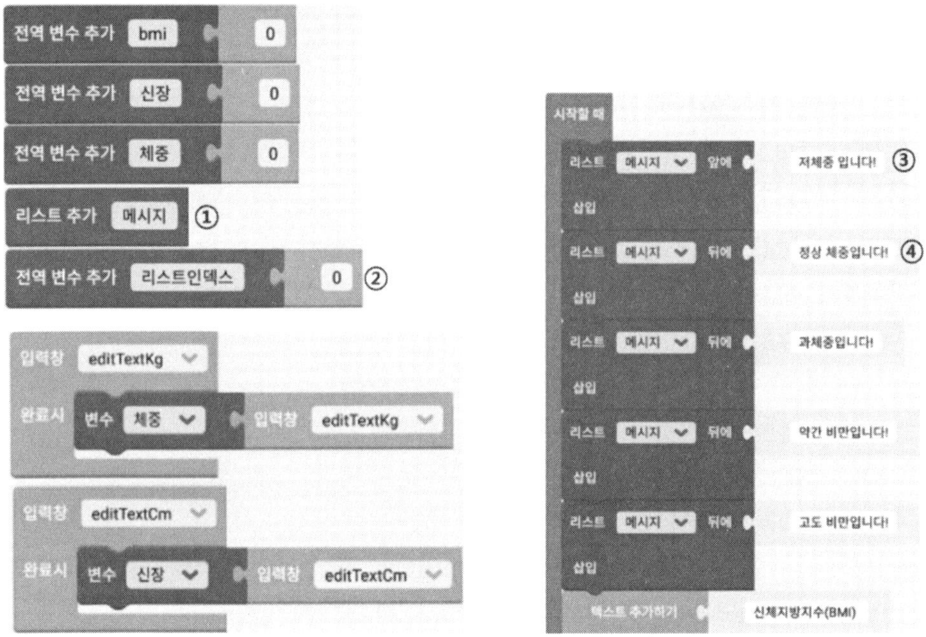

(a) (b)

[그림 5-2] 리스트 생성과 데이터 항목 추가

[표 5-3]의 블록을 사용해 [그림 5-3]의 코딩을 구현한다. 조건 블록을 보면 4장의 "텍스트 추가하기" 블록이 리스트의 인덱스 값을 지정하는 블록으로 대체되었다.

[표 5-3] 조건 선택에서 리스트 인덱스 지정을 위한 블록

순서	그룹	블록	이름	속성 처리
⑤	데이터		리스트 인덱스	이 블록을 첫 번째 "만약 참이면" 블록의 "참이면" 슬롯에 끼움 "변수 리스트인덱스" 우측 슬롯에 0 을 끼움
⑥				이 블록을 두 번째 "만약 참이면" 블록의 "참이면" 슬롯에 끼움 "변수 리스트인덱스" 우측 슬롯에 0 을 끼우고 숫자 1로 변경

[표 5-3] 조건 선택에서 리스트 인덱스 지정을 위한 블록

<table>
<tr><th>순서</th><th>그룹</th><th>블록</th><th>이름</th><th>속성 처리</th></tr>
<tr><td>⑦</td><td rowspan="3">데이터</td><td rowspan="3"></td><td rowspan="3">리스트 인덱스</td><td>이 블록을 세 번째 "만약 참이면" 블록의 "참이면" 슬롯에 끼움
"변수 리스트인덱스" 우측 슬롯에 을 끼우고 숫자 2로 변경</td></tr>
<tr><td>⑧</td><td>이 블록을 네 번째 "만약 참이면" 블록의 "참이면" 슬롯에 끼움
"변수 리스트인덱스" 우측 슬롯에 을 끼우고 숫자 3로 변경</td></tr>
<tr><td>⑨</td><td>이 블록을 네 번째 "만약 참이면" 블록의 "아니면" 슬롯에 끼움
"변수 리스트인덱스" 우측 슬롯에 을 끼우고 숫자 4로 변경</td></tr>
</table>

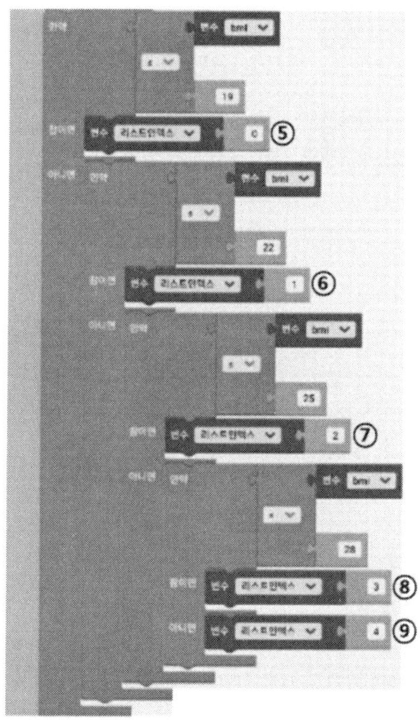

[그림 5-3] 조건 선택에서 리스트 인덱스 지정하는 코딩

조건 블록에서 표시할 메시지(문자열)의 인덱스를 저장하였다. 이제 조건 블록 아래에 "텍스트 추가하기" 블록을 통해 인덱스의 메시지를 표시하면 된다. 이를 위해 [표 5-4]의 블록으로 [그림 5-4]의 코딩을 구현한다.

[표 5-4] 리스트의 메시지(문자열) 표시를 위한 블록

순서	그룹	블록	이름	속성 처리
⑩	텍스트	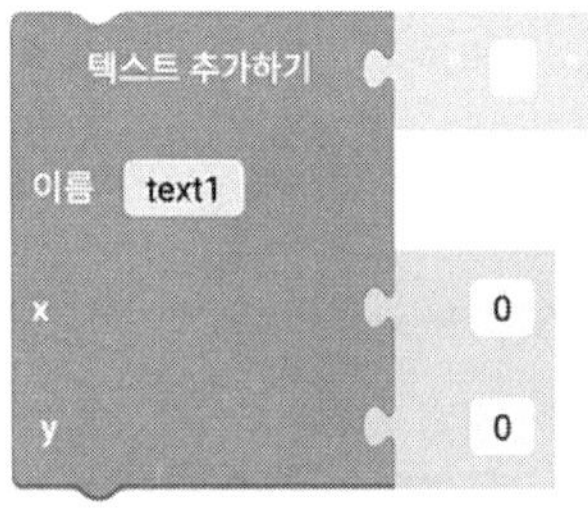	text-Result3	이 블록을 조건 블록 아래에 놓음 이름을 'textResult3'로 변경 x, y는 135, 410으로 입력
⑪	데이터		메시지	이 블록을 ⑩ "텍스트 추가하기" 우측 상단 슬롯에 끼움 ⌄를 클릭, '메시지' 리스트를 선택
⑫			리스트 인덱스	이 블록을 ⑪ "리스트의 번째 값" 우측 슬롯에 끼움 ⌄를 클릭, 변수 '리스트인덱스'를 선택

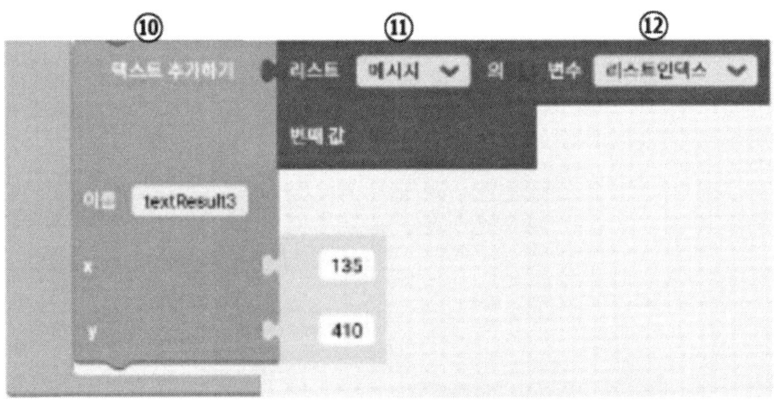

[그림 5-4] 리스트의 메시지(문자열)을 표시하는 코딩

완성된 코드를 실행하면 [그림 5-5]와 같이 표시된다. 결과는 4장과 동일하지만 리스트로 인해 "텍스트 추가하기" 블록이 하나만 사용되었다. 표시할 문자열의 개수가 커질수록 수정된 코드가 간결함을 알 수 있다.

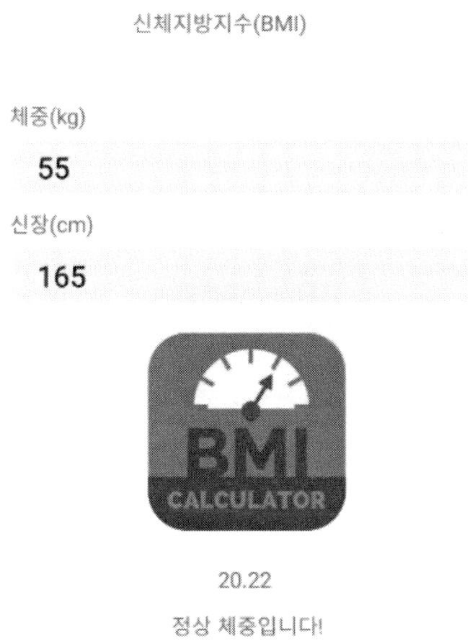

[그림 5-5] 완성된 코드 실행 화면

제6장

반복

반복은 코드의 효율을 높이기 위해 대부분의 프로그래밍 언어에서 사용된다. 반복 구문에는 '횟수 지정 반복'과 '조건 지정 반복'이 있다. '횟수 지정 반복'은 사전에 정한 횟수만큼 반복되며 '조건 지정 반복'은 조건을 만족하는 동안 반복된다. 일반적으로 전자는 for 구문으로 후자는 while 구문으로 표시한다.

핸디 코드에서는 지정된 횟수를 반복하는 "번 반복" 블록과 무한히 반복하는 "계속 반복" 블록을 제공한다([표 6-1]). "계속 반복" 블록에서 빠져나오려면 "만약 참이면" 블록과 "반복 중단" 블록을 함께 사용해야 한다.

[표 6-1] 핸디 코드의 반복 블록

블록 그룹	블록	설명
로직		지정된 횟수만큼 슬롯에 끼워진 블록들을 반복 실행
		슬롯에 끼워진 블록들을 무한히 반복 실행 반복에서 벗어나려면 "만약 참이면" 블록과 "반복 중단" 블록을 함께 사용. 즉 조건이 참이면 반복을 중단.

2장에서 다룬 앱에서 반복 블록이 사용된 경우를 살펴보자. 2.4절 'Rotate the bear' 프로젝트의 코드를 보자([그림 6-1]). [그림 6-1(a)]에는 "360번 반복" 블록 안에 'image1'의 이미지를 1도 회전하는 블록과 10 밀리초를 기다리는 블록이 순차대로 360번 반복 실행된다. 따라서 'image1'의 이미지는 0.01초에 1도씩 회전, 한 바퀴를 돈다. 반면에 [그림 6-2(b)]에서는 "무한 반복" 블록 안에 "이미지 변경"과 "기다리기" 블록이 교대로 있다. 따라서 'image1'의 이미지를 다른 이미지로 바꾸고 0.5초 기다린 후 다른 이미지로 변경하고 다시 0.5초 기다린다. 이를 무한 반복한다. 실행 결과를 보면 곰 이미지가 한 바퀴 회전한 후, 두 개의 곰 이미지를 0.5초 간격으로 교대로 반복해서 보여준다.

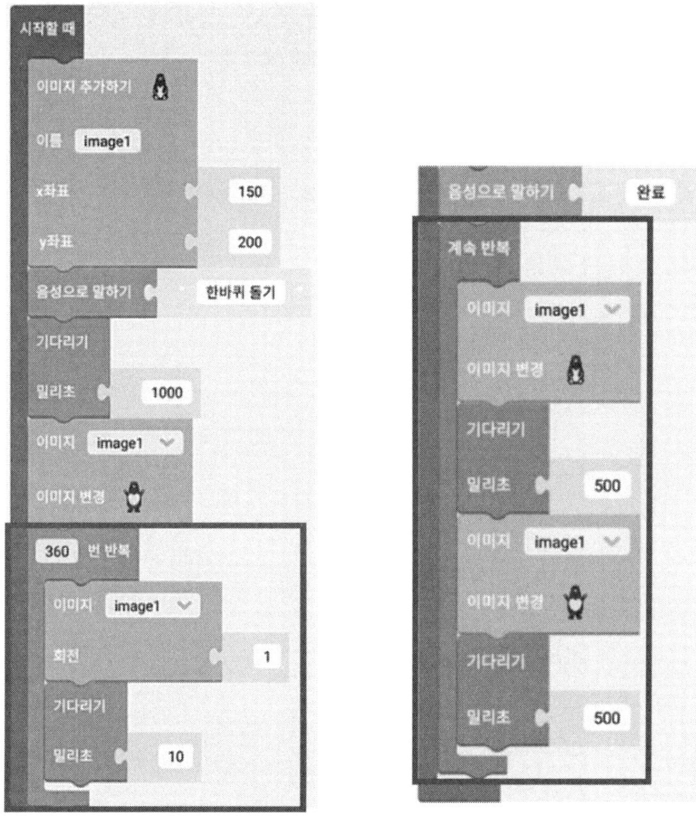

(a) 횟수 반복 (b) 무한 반복

[그림 6-1] 반복 블록(Rotate the bear 프로젝트)

(a) 횟수 반복 (b) 무한 반복

[그림 6-2] 반복 블록의 실행 화면

2.7절의 'Sensor light' 프로젝트의 코드를 보자([그림 6-3]). "계속 반복" 블록 내부를 보자. "텍스트" 블록에서 문자열 "밝기값:"에 "조도값" 블록의 값이 합쳐진 텍스트를 만든다(가령, 밝기값: 58). "만약 참이면 아니면" 블록에서 "조도값" 블록의 값이 50 이하면 "손전등 켜기" 블록으로 스마트 폰 조명이 켜지고, 50 보다 크면 "손전등 크기" 블록으로 스마트 폰 조명이 꺼진다. 이는 앱이 종료되기 전까지 무한 반복한다.

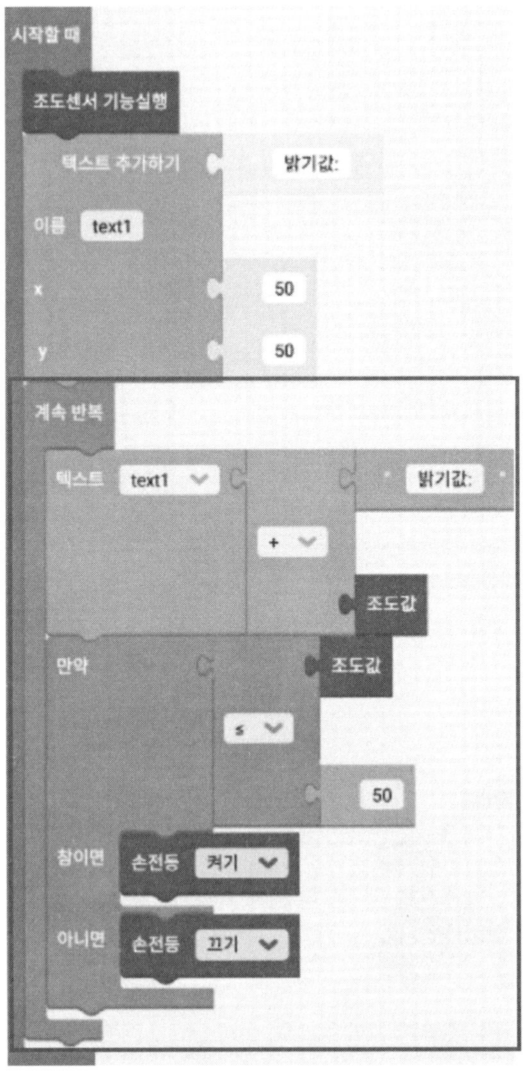

[그림 6-3] 계속 반복 블록(프로젝트 Senosr light)

2.8절의 'Compass' 프로젝트의 코드를 보자([그림 6-4]). "계속 반복" 블록 내부에 "이미지 각도 변경" 블록이 있다. 이 블록은 우측 슬롯에 끼워진 "방위각" 블록에서 방위각을 받아서 그 각도로 'image2'의 이미지(나침반 바늘)를 변경하고 0.1 초 기다린다. 즉, 현재 방위각으로 바늘을 변경하고 0.1초 기다림을 무한 반복한다.

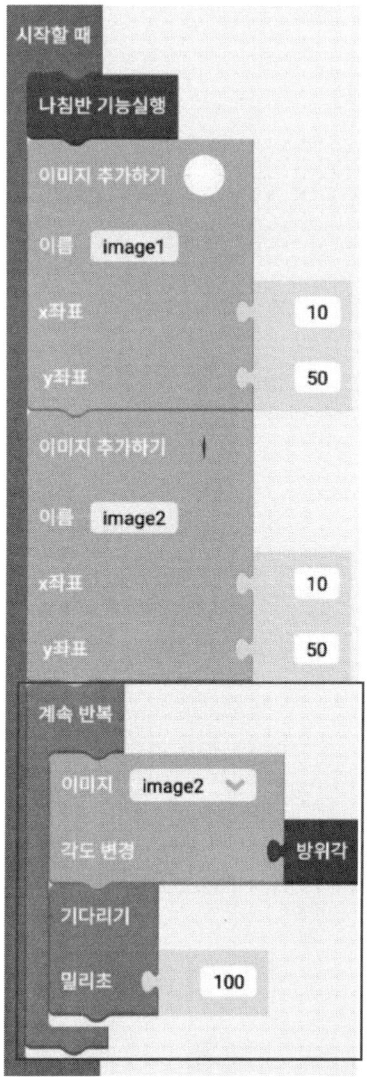

[그림 6-4] 계속 반복 블록(Compass 프로젝트)

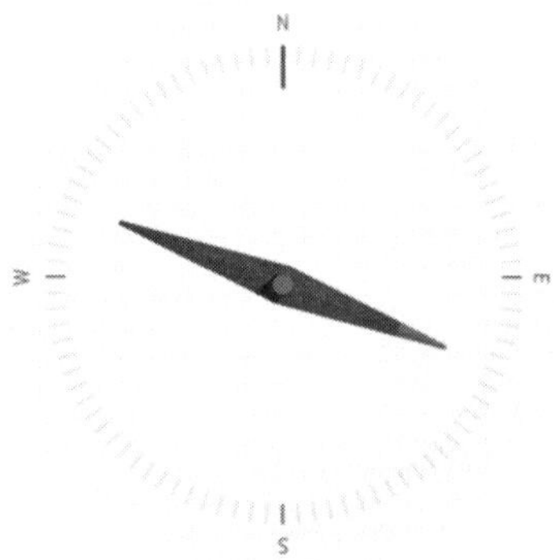

[그림 6-5] 계속 반복 블록의 실행

제7장

함수

프로그래밍 언어는 언어에 새로운 기능을 추가해서 확장할 수단으로 함수(Function)를 제공한다. 함수는 서브(Sub) 프로그램으로 프로그램 어디에서나 사용할 수 있고 반복 사용도 가능하다. 함수는 내장(시스템) 함수와 사용자 함수로 구분한다. 내장 함수는 프로그래밍에서 자주 사용되는 함수를 프로그래머가 쉽게 사용할 수 있도록 미리 정의된 함수이고(프로그래밍 언어에서 제공하는 함수) 사용자 정의 함수는 프로그래머가 직접 작성한 함수이다. 프로그램에서 필요할 때 함수를 불러 사용하는데 이를 함수 호출이라 한다. 함수를 사용하면 코드의 반복(중복)이 적어지고 프로그램의 오류 가능성이 줄어든다. 함수 호출에서 함수에 값을(인자 또는 매개변수를 통해) 줄 수 있고 반대로 함수에서 호출한 곳으로 값을 반환할 수 있다.

7.1 횟수 지정 함수 반복

핸디 코드는 함수라는 기본 블록을 제공한다([표 7-1]). 이 기본 블록을 사용하여 프로그래머가 새로운 블록을 정의하고 이 정의된 블록을 호출할 수 있다.

[표 7-1] 핸드 코드의 함수 관련 블록

블록 그룹	블록	설명
로직	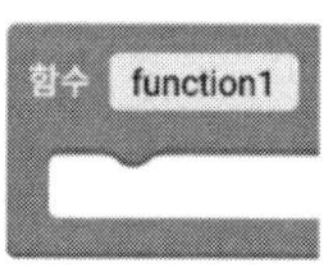	함수를 정의할 때 사용하는 블록 함수 이름(function1)를 변경할 수 있음
		함수를 호출할 때 이 블록을 사용 ˅를 클릭, 호출할 함수 블록을 선택

핸디 코드에서 함수를 정의하고 이 함수를 5번 호출하는 예를 보자.

① 핸디 코드에서 새 프로젝트를 열고 프로젝트 이름을 '함수 반복'으로 저장한다.
② 이 프로젝트는 문자열 "y번 출력"을 5번 화면에 표시한다. y에는 변수 y의 값이 표시된다.
③ y는 전역변수로 반복에 따라 1만큼 증가, 1부터 5까지의 값을 갖는다.
④ 문자열이 표시되는 위치 x, y는 반복에 따라 x = y × 30, y = y × 25로 변경된다.

[표 7-2]의 블록을 사용하여 [그림 7-1]의 함수 정의 코드를 구현한다.

[표 7-2] 함수 블록(funcWrite) 정의에 사용된 블록

순서	그룹	블록	이름	속성 처리
①	데이터		y	이 블록을 "시작할 때" 블록 외부, 위에 놓음 변수명(이름)을 y로 변경 을 우측 슬롯에 끼움(y = 0으로 초기화)
②	로직	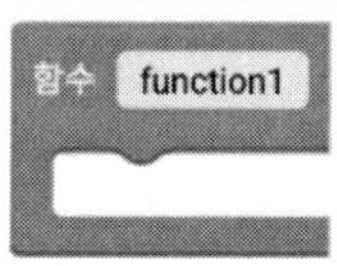	func-Write	이 블록을 "시작할 때" 외부에 놓음 이름을 'funcWrite'로 변경
③	텍스트		text1	이 블록을 함수 "funcWrite" 블록 안에 놓음
④	계산			이 블록을 ③ "텍스트 찾기" 블록 오른쪽 위 슬롯에 끼움

[표 7-2] 함수 블록(funcWrite) 정의에 사용된 블록 (계속)

순서	그룹	블록	이름	속성 처리
⑤	데이터			이 블록을 ④ 블록 오른쪽 위 슬롯에 끼움 를 클릭, 변수 'y' 선택
⑥	텍스트			이 블록을 ④의 블록 오른쪽 아래 슬롯에 끼움 문자열을 " 번째 출력"으로 변경
⑦	계산			이 블록을 ③ "텍스트 찾기" 블록 x 슬롯에 끼움
⑧	데이터			이 블록을 ⑦ 블록 오른쪽 위 슬롯에 끼움
⑨	계산			이 블록을 ⑦ 블록 오른쪽 아래 슬롯에 끼움 숫자 30 입력
⑩	계산			이 블록을 ③ "텍스트 찾기" 블록 y 슬롯에 끼움
⑪	데이터			이 블록을 ⑩ 블록 오른쪽 위 슬롯에 끼움
⑫	계산			이 블록을 ⑩ 블록 오른쪽 아래 슬롯에 끼움 숫자 25 입력

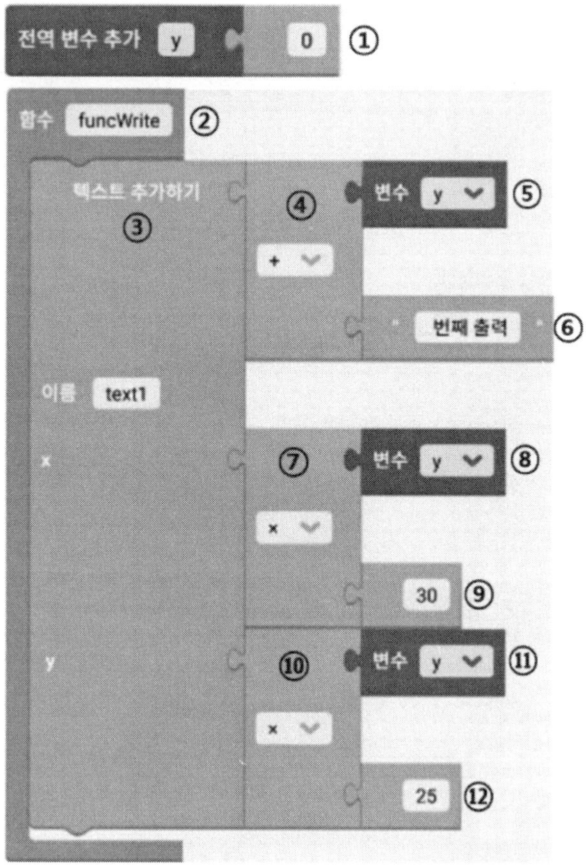

[그림 7-1] 함수 블록 “funcWrite” 코드

[그림 7-1]의 함수 정의 코드를 완성하였으면 이 함수를 5번 호출하여 문자열을 표시하는 코드를 [그림 7-2]와 같이 구현한다. [그림 7-2]에서 보면 전역변수 y는 반복할 때마다 1만큼 증가하고 함수 “funcWrite” 블록을 호출한다. 이 코드가 “5번 반복” 블록 안에 있기 때문에 5번 반복 실행되고 결과 화면이 [그림 7-3]이다.

[표 7-3] 함수 호출에 사용된 블록

순서	그룹	블록	이름	속성 처리
⑬	로직			이 블록을 "시작할 때" 블록 안에 놓음 숫자 5 입력
⑭	데이터		y	이 블록을 ⑬ "번 반복" 블록 안에 놓음 ▼를 클릭, 변수 'y' 선택
⑮	계산			이 블록을 ⑭ "변수 y" 블록 오른쪽 슬롯에 끼움
⑯	데이터		y	이 블록을 ⑮ 블록 오른쪽 위 슬롯에 끼움 ▼를 클릭, 변수 'y' 선택
⑰	계산			이 블록을 ⑮ 블록 오른쪽 아래 슬롯에 끼움 숫자 1 입력
⑱	로직		funcWrite	이 블록을 ⑬ 블록 내부의 ⑭ 블록 아래에 놓음 ▼를 클릭, 함수 'funcWrite' 선택

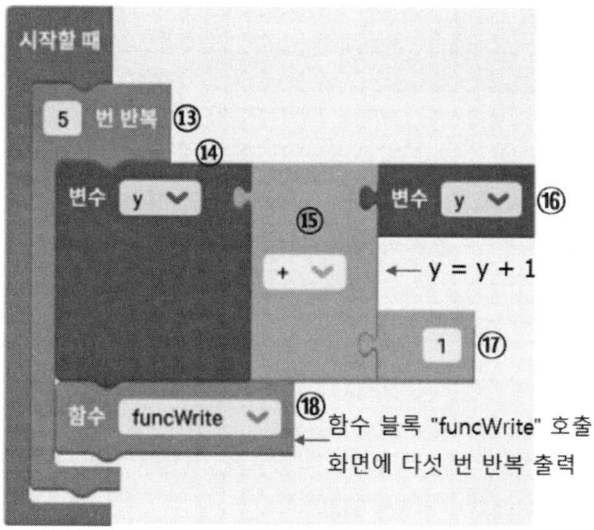

[그림 7-2] 코드

1 번째 출력
2 번째 출력
3 번째 출력
4 번째 출력
5 번째 출력

[그림 7-3] 실행 화면

7.2 무한 반복 함수

[그림 7-1]의 함수 블록을 5번 호출하여 문자열을 표시하는데 "계속 반복" 블록을 사용한다. 이 블록은 무한히 반복되기 때문에 반복에서 벗어나려면 "반복 중단" 블록을 사용해야 한다. 특정한 조건이 만족되면 "반복 중단" 블록이 실행되게 한다. 따라서 "계속 반복" 블록 내부에 "만약 참이면" 블록과 "반복 중단"이 함께 사용된다. 7.1절과 동일한 실행 결과가 나오도록 "계속 반복" 블록을 사용한다. [표 7-4]와 같이 ① ~ ⑫와 ⑭ ~ ⑱은 [표 7-3]과 동일하다. ⑬에서는 "계속 반복" 블록으로 변경된다. 나머지는 [표 7-4]를 사용하여 [그림 7-4]의 코드를 구현한다.

[표 7-4] 무한 반복 함수 호출에 사용된 블록

순서	그룹	블록	이름	속성 처리
① ~ ⑱				⑬ 블록만  블록으로 대체, 나머지는 [표 7-3]과 동일
⑲	 로직			이 블록을 ⑱ 함수 블록 아래에 놓음
⑳				이 블록을 ⑲ 블록의 '만약' 슬롯에 끼움 ⌄를 클릭, 연산자 '≥'를 선택
㉑	 데이터			이 블록을 ⑳ 블록의 오른쪽 위 슬롯에 끼움 ⌄를 클릭, 변수 'y' 선택

[표 7-4] 무한 반복 함수 호출에 사용된 블록 (계속)

순서	그룹	블록	이름	속성 처리
㉒	계산			이 블록을 ⑳ 블록의 오른쪽 아래 슬롯에 끼움 숫자 5를 입력
㉓	로직			이 블록을 ⑲ 블록의 '참이면' 슬롯에 끼움

[그림 7-5]에서 "만약 참이면" 블록에서 y ≥ 5 조건이 참이면 "반복 중단" 블록이 실행된다. 즉, y는 1부터 5까지 다섯 반복 실행되고 루프를 벗어난다. 실행 결과는 [그림 7-3]과 동일하다.

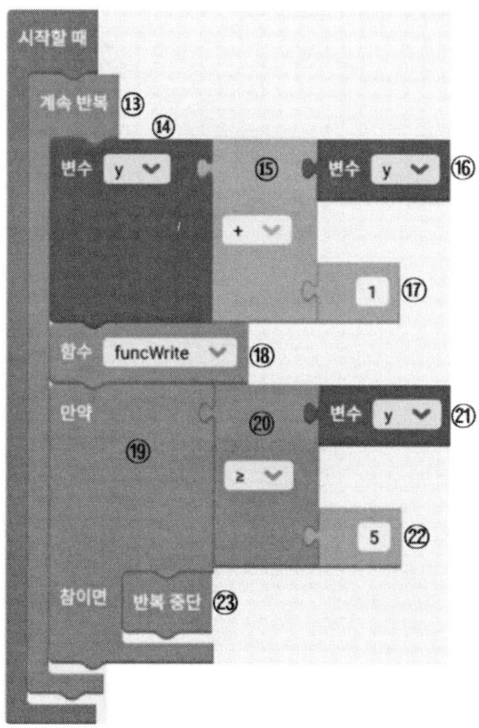

[그림 7-4] 무한 반복 함수 호출 코드

제8장

이벤트 처리

컴퓨팅에서 이벤트(Event)란 프로그램에 의해 감지되고 처리될 수 있는 동작이나 사건을 말한다. 사용자의 키보드 키 누름, 마우스 움직임, 동작 선택이나 타이머 완료 등이 대표적인 이벤트이다. 프로그램에서 이런 이벤트가 발생하면 이에 반응하는 동작을 이벤트 처리기(Event Handler)라 한다. 이벤트 처리기는 프로그램 내부에서 입력을 받아 처리하는 일종의 콜백(Callback) 함수이다. 콜백은 호출될 함수를 알려 주어 프로그램에서 함수가 호출되게 하는 방법이다. 일반적으로 운영체계(Operating System)가 호출할 애플리케이션의 함수를 지정해 특정한 사건이나 메시지가 발생할 때 호출되도록 지정하는데 이런 함수를 콜백 함수라 한다. 프로그래밍에서 일반적으로 발생되는 이벤트에는 다음과 같은 것들이 있다.

- 마우스 이벤트: 마우스와 같은 포인팅 디바이스의 버튼을 클릭하면 마우스 클릭 이벤트가 발생된다. 프로그래머는 이 마우스 클릭 이벤트에 반응하는 코드를 짠다. 일반적으로 마우스 이벤트는 마우스의 이동, 마우스 버튼 누름, 버튼 누름 해제에서 발생한다.
- 키보드 이벤트: 사용자가 키보드의 키를 누를 때 현재 실행중인 프로그램은 사용자가 누른 키와 관련된 데이터와 함께 키 누름 이벤트를 수신한다.
- 조이스틱 이벤트: 조이스틱을 움직이면 X-Y 아날로그 신호가 발생된다.
- 터치스크린 이벤트: 터치스크린을 사용하여 화면 터치 이벤트를 발생한다.
- 장치 이벤트: 흔들기, 기울임, 회전, 이동과 같은 장치의 행위에 이벤트를 발생한다.

핸디 코드는 [표 8-1]에 보인 것과 같은 이벤트 처리 블록을 제공하며 이들은 “시작할 때” 블록 외부에 놓아야 한다. 버튼처럼 이미지를 누르면 해당 이미지의 “이미지 누를 때” 블록이 호출되므로 프로그래머는 이미지를 누를 때 처리될 블록들을 “이미지 누를 때” 블록 안에 넣으면 된다.

[표 8-1] 핸디 코드의 이벤트 처리 블록

블록그룹	블록	설명
이미지	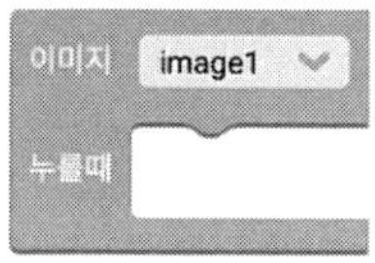	"이미지 추가하기" 블록으로 이미지를 추가한 후 화면에서 해당 이미지를 누르면 호출되는 블록
		"이미지 땔때" 블록으로 이미지를 추가한 후 화면에서 해당 이미지에서 손을 떼면 호출되는 블록
		"이미지 드래그시" 블록으로 이미지를 추가한 후 화면에서 해당 이미지를 끌면(드래그) 호출되는 블록
텍스트		"입력창 추가하기" 블록의 실행에 따라 화면에서 해당 입력창에 문자를 입력하고 '완료' 버튼을 클릭하면 호출되는 블록
전화		장치로 문자가 수신되면 호출되는 블록

[표 8-1] 핸디 코드의 이벤트 처리 블록 (계속)

블록그룹	블록	설명
디바이스		"현재 위치 요청" 블록의 실행에 따라 장치의 GPS 위치가 변경되면 호출되는 블록
		"나침반 기능실행" 블록의 실행에 따라 방위각(방향 센서 출력)이 변경되면 호출되는 블록
		"지문인식 기능실행" 블록의 실행에 따라 지문인증이 성공하면 호출되는 블록
		"지문인식 기능실행" 블록의 실행에 따라 지문인증이 실패하면 호출되는 블록
		"조도센서 기능실행" 블록의 실행에 따라 조도센서 값이 변경되면 호출되는 블록

[그림 8-1]은 2.1절의 이미지 움직이기 코드이다. "시작할 때" 블록 안에 "이미지 추가하기" 블록으로 이미지를 추가하고 "시작할 때" 블록 외부에 "이미지 누를 때" 블록을 놓는다. 이 블록 안에 해당 이미지를 누르면 실행된 코드 블록을 추가한다. 실행 화면에서 해당 이미지를 누를 때마다 "이미지 누를 때" 블록이 호출(실행)되어 이미지가 10 픽셀만큼 이동한다.

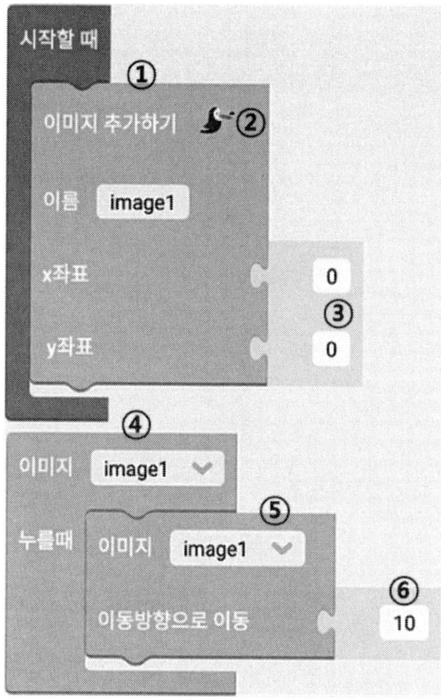

[그림 8-1] 이미지 움직이기 코드

[그림 8-2]는 2.4절의 애니메이션의 이벤트 처리 코드이다. 이미지를 누르면 "시작할 때" 블록에서 지정한 애니메이션 동작을, 이미지를 눌렀다 때면 다른 이미지로 변경을, 이미지를 끌면 끌기 좌표로 이미지 표시 좌표를 변경한다.

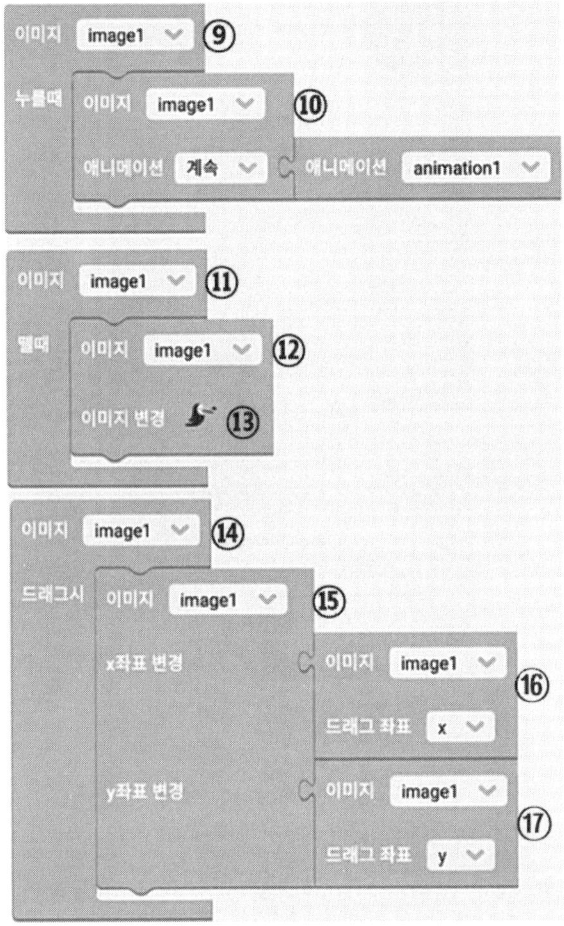

[그림 8-2] 애니메이션 이벤트 처리 코드

[그림 8-3]은 2.5절의 텍스트를 음성으로 변환하는 이벤트 처리 코드이다. 이미지를 실행 버튼처럼 사용한다. 이미지를 누르면 "이미지 누를 때" 블록이 호출(실행)된다. 이벤트 처리 블록 안에는 "음성으로 말하기" 블록이 있어 "입력창"에 입력된 문자열을 음성으로 변환한다.

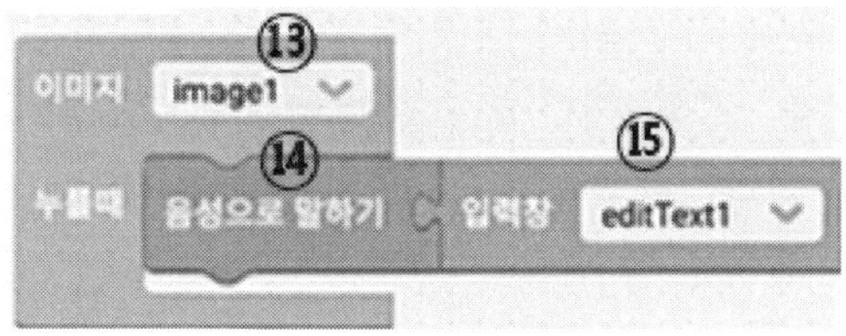

[그림 8-3] 텍스트를 음성으로 변환하는 이벤트 처리 코드

[그림 8-4]는 2.6절의 손전등 점멸 이벤트 처리 코드이다. 이미지를 눌렀을 때 변수 power의 값이 '참'이면(현재 조명이 켜진 상태) 변수 power에 '거짓'을 입력한 후, 손전등을 끄고, 다음 동작을 위해 이미지를 조명이 켜진 이미지로 변경한다. 이미지를 눌렀을 때 변수 power의 값이 '거짓'이면(현재 조명이 꺼진 상태) 변수 power에 '참'을 입력한 후, 손전등을 켜고, 다음 동작을 위해 조명이 꺼진 이미지로 변경한다.

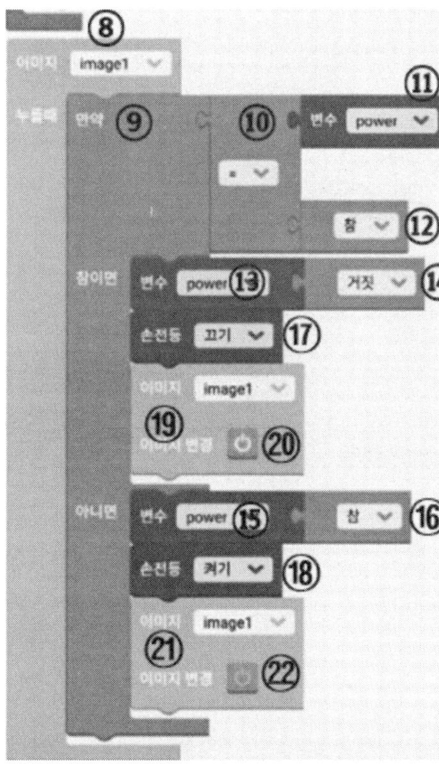

[그림 8-4] 손전등 점멸을 위한 이벤트 처리 코드

[그림 8-5]는 2.3절의 GPS 위치 정보로 주소를 표시하는 코드이다. “현재 위치 요청” 블록이 “시작할 때” 블록 내부에서 실행된다. GPS 위치가 변경되면 “현재 위치 변경 시” 블록이 실행된다. 이 블록 안에서 변경된 위치 정보(위도, 경도)에 해당하는 주소 정보를 알아내 화면에 표시한다.

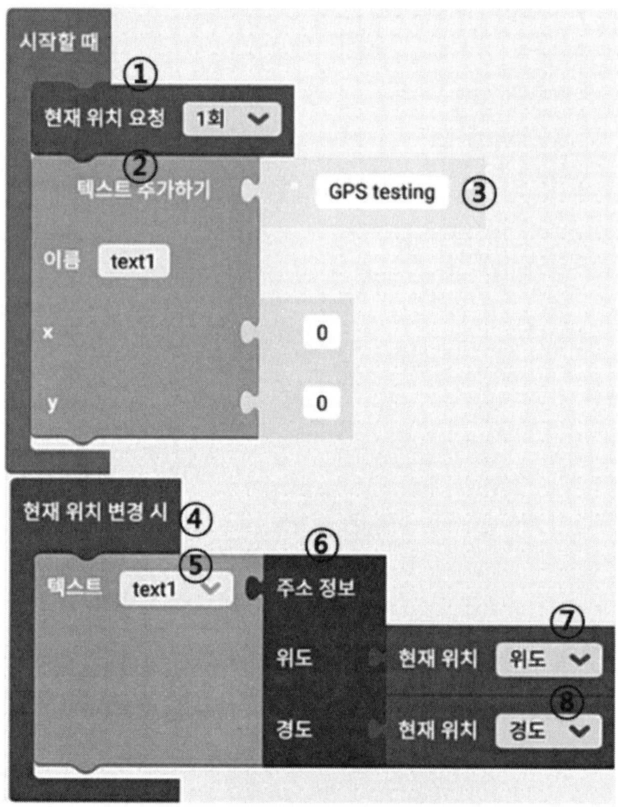

[그림 8-5] GPS 위치 코드

제9장

미세먼지 예 · 경보

이 장에서는 서울 열린데이터 광장에서 OPENAPI로 제공하는 서울시 초미세먼지 예·경보 데이터를 얻어, 이를 표시하는 앱을 만든다. 예보로는 "좋음", "보통", "나쁨", "매우 나쁨"을 표시하고 경보로 외부 활동에 적합 여부를 알려준다. 정보는 xml, json 양식으로 받을 수 있다. 로그인한 후 인증키를 받아, 이를 복사하여 아래 주소 (인증키) 자리를 대체하면 된다. 여기서는 sample로 제공되는 다음 주소를 사용한다.

```
http://openapi.seoul.go.kr:8088/(인증키)/xml/ForecastWarningUltrafineParticleOfDustService/1/5/
```

이 주소를 웹 주소창에 입력하면 아래와 같이 xml 양식으로 표시된다.


```
<ForecastWarningUltrafineParticleOfDustService>
  <list_total_count>1</list_total_count>
  <RESULT>
    <CODE>INFO-000</CODE>
    <MESSAGE>정상 처리되었습니다</MESSAGE>
  </RESULT>
  <row>
    <APPLC_DT>201808130500</APPLC_DT>
    <FA_ON>f</FA_ON>
    <POLLUTANT>pm25</POLLUTANT>
    <CAISTEP>보통</CAISTEP>
    <ALARM_CNDT>
      <![CDATA[ 외출 등 실외활동에 지장 없음 ]]>
    </ALARM_CNDT>
    <ALERTSTEP/>
    <CNDT1/>
  </row>
</ForecastWarningUltrafineParticleOfDustService>
```

우리는 json 양식을 사용해 예 · 경보 데이터를 받아온다(Parsing).

```
http://openapi.seoul.go.kr:8088/sample/json/ForecastWarningUltrafineParticleOfDustS
ervice/1/5/
```

이 주소를 웹 주소창에 입력하면 아래와 같이 json 양식으로 표시된다. 한 줄로 표시되지만 보기 편의를 위해 여러 줄로 나누었다.


```
{"ForecastWarningUltrafineParticleOfDustService":
        {"list_total_count":1,
         "RESULT":{"CODE":"INFO-000",
                   "MESSAGE":"정상 처리되었습니다"
                  },
         "row":[ {"APPLC_DT":"201808130500",
                  "FA_ON":"f",
                  "POLLUTANT":"pm25",
                  "CAISTEP":"보통",
                  "ALARM_CNDT":"외출 등 실외활동에 지장 없음",
                  "ALERTSTEP":"",
                  "CNDT1":""
                  }
                ]
        }
}
```


전체 데이터를 표시하는 ForecastWarningUltrafineParticleOfDustService의 데이터 항목 row의 배열에서 CAISTEP와 ARM_CNDT 항의 값이 받을 예보와 경보이다.

[표 9-1]은 미세먼지 예 · 경보 앱을 만드는데 사용된 블록 가운데 처음 사용하는 블록이다. [그림 9-2]과 같이 코드를 구현해서 실행하면 [그림 9-3]의 화면이 보인다. "서울 미세먼지 현황"이라는 제목이 표시되고 그 아래 예보와 경보가 순서대로 표시되고 그 아래 예보에 부합하는 이미지([그림 9-1])가 표시된다.

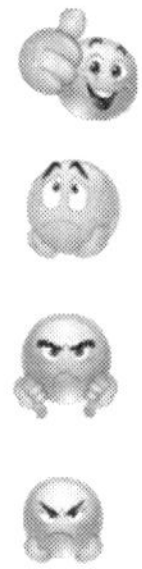

좋음 : 0~30 $\mu g/m^3$

보통 : 31~80 $\mu g/m^3$

나쁨 : 81~150 $\mu g/m^3$

매우 나쁨 : 151 $\mu g/m^3$ 이상

[그림 9-1] 예보에 따른 표시 이미지

[표 9-1] 미세먼지 예・경보에 처음 사용된 블록

블록그룹	블록	설명
웹	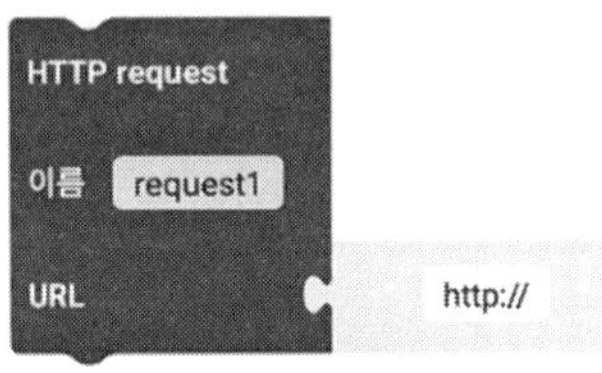	접속할 주소의 블록을 생성
		지정한 주소에 접속
		접속에 응답이 있으면 호출되는 이벤트 블록
	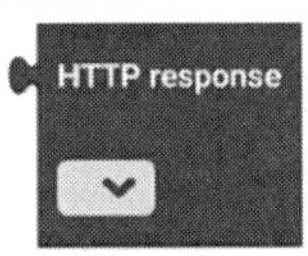	접속된 주소에서 제공하는 데이터 연결
	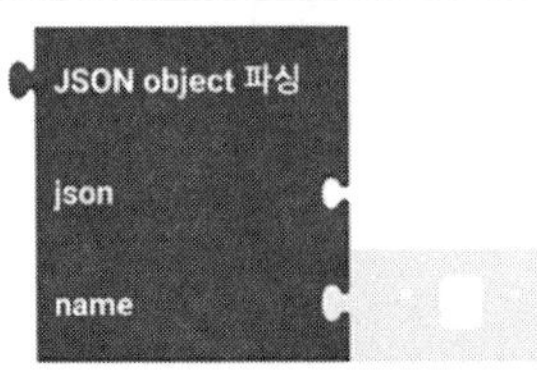	" " 이름에 해당하는 항목 추출

[표 9-1] 미세먼지 예・경보에 처음 사용된 블록 (계속)

블록그룹	블록	설명
웹	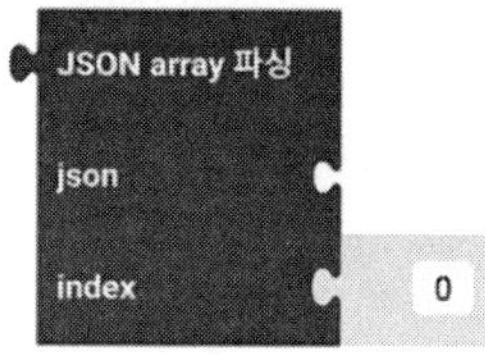	배열 데이터 추출(배열은 인덱스가 0부터 시작)

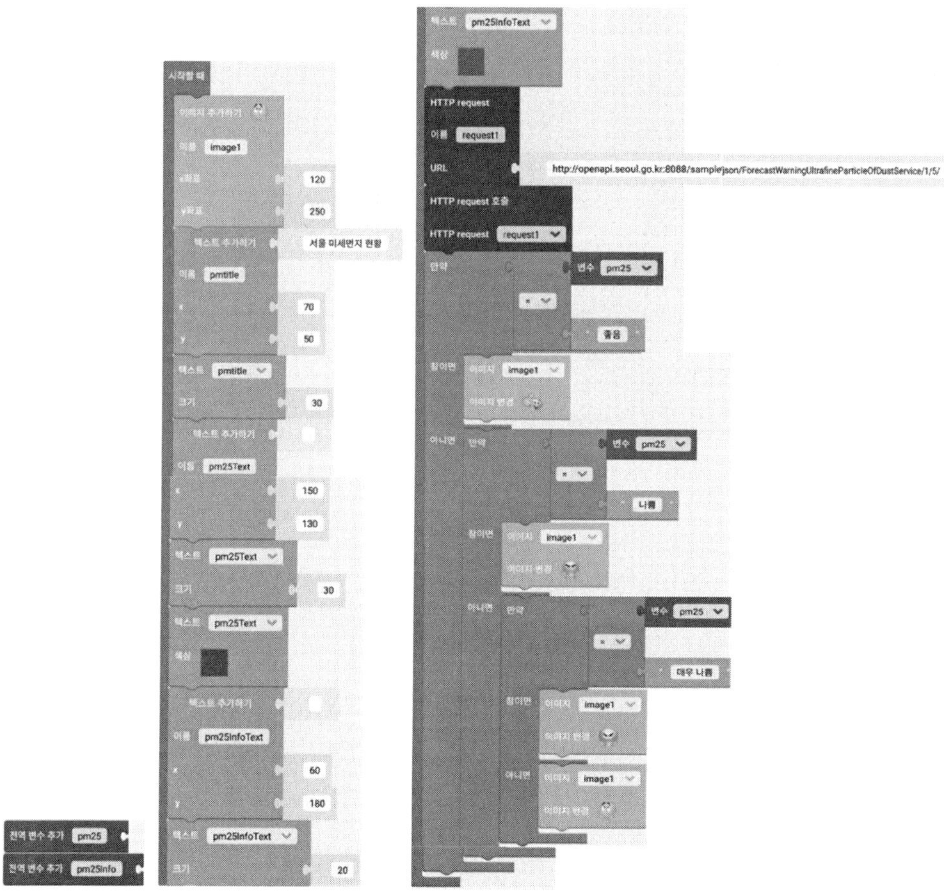

(a)

[그림 9-2] 미세먼지 예・경보 코드

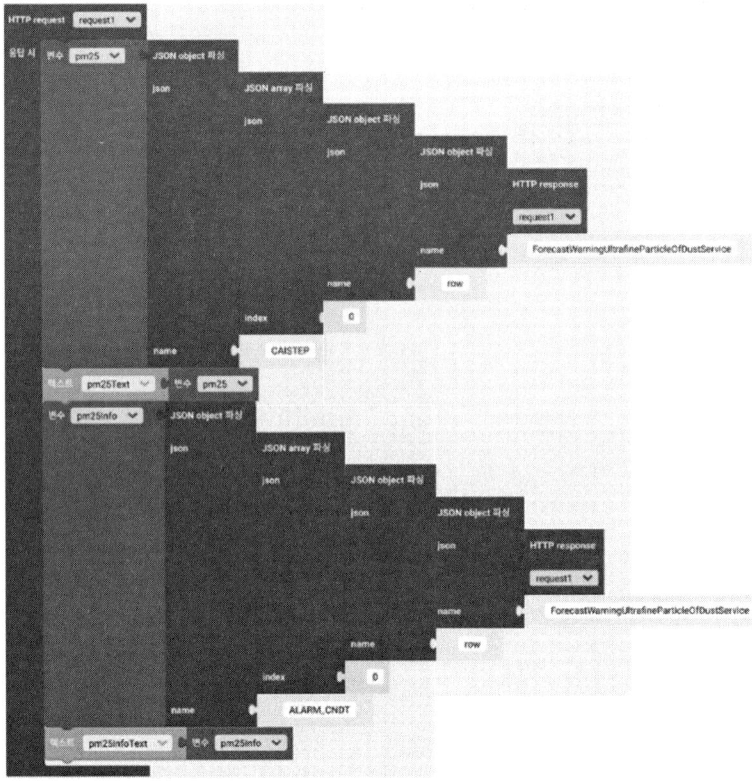

(b)

[그림 9-2] 미세먼지 예·경보 코드(계속)

[그림 9-3] 미세먼지 예·경보 실행 화면

제10장

아두이노

이 장에서는 핸디 코드로 작성한 앱에서 아두이노를 통해 하드웨어를 제어하는 방법에 대해 알아본다.

10.1 설치 및 준비

필요한 소프트웨어의 다운로드 및 설치를 아래와 같이 따라한다.

① 아두이노 개발환경(Arduino IDE)의 설치 : 사이트(https://www.arduino.cc/en/Main/Software)에서 컴퓨터 운영체제(OS)에 따라 다운받아 설치한다. 윈도우 운영체제 사용자는 "Windows Installer"를 클릭, 다운받은 후 인스톨러 파일을 더블 클릭, 설치한다.

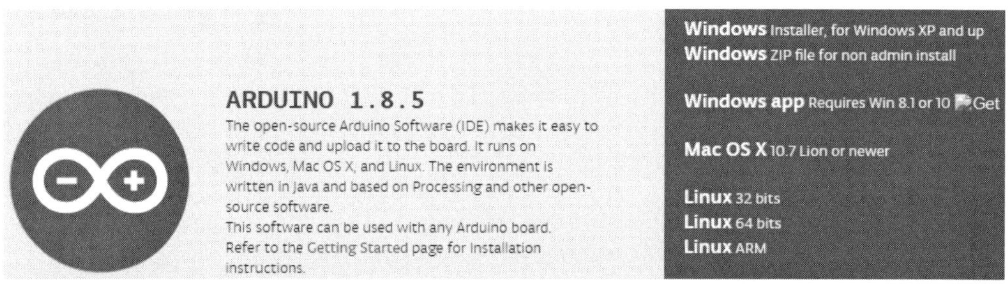

[그림 10-1] 아두이노 개발환경 다운로드

② 설치된 개발환경을 실행한 후 메뉴 "파일(File) 〉 환경설정(Preference)"를 클릭하면 [그림 10-2]의 창이 열린다. 여기서 환경 관련 설정을 변경한다. 언어로 "한국어"를 선택하고 "확인(OK)"를 클릭한다. 아두이노 개발환경 종료 후 다시 실행한다. 메뉴가 한글로 변경된다.

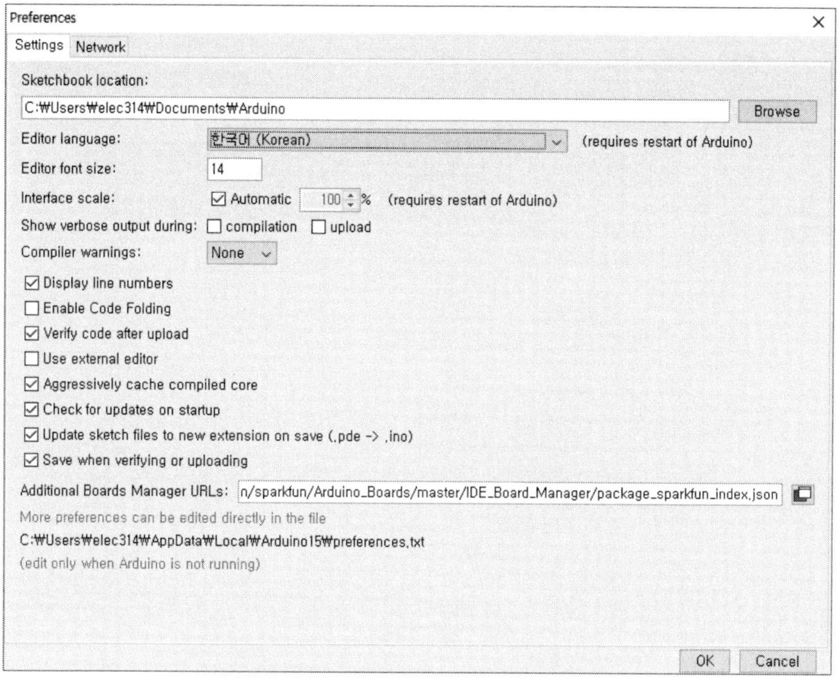

[그림 10-2] 아두이노 환경 설정 변경

③ 핸디 코드에서 아두이노 스케치 설치 : 사이트(https://handycode.ourguide. kr/)에서 〈아두이노 스케치 다운로드〉를 클릭, 스케치를 다운받는다([그림 10-3]).

[그림 10-3] 핸디코드 사이트에서 아두이노 스케치 다운로드

④ 아두이노 개발환경에서 다운받은 스케치 파일을 연다([그림 10-4]).

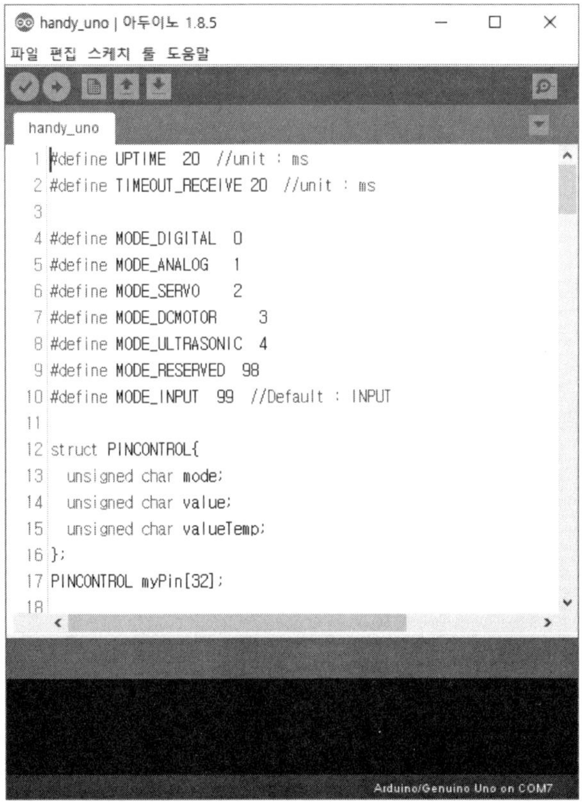

[그림 10-4] 핸디코드 아두이노 스케치

⑤ 아두이노 보드를 컴퓨터 USB에 연결한다. USB 케이블은 [그림 10-5]와 같이 A, B와 미니 B 등이 있다. 컴퓨터에는 유형 A, 스마트 폰에는 마이크로 B, 아두이노 보드에는 유형 B 또는 미니 B가 사용된다, 최근에는 다양한 유형을 통합하고 양방향으로 꼽을 수 있는 유형 C도 나와 있다.

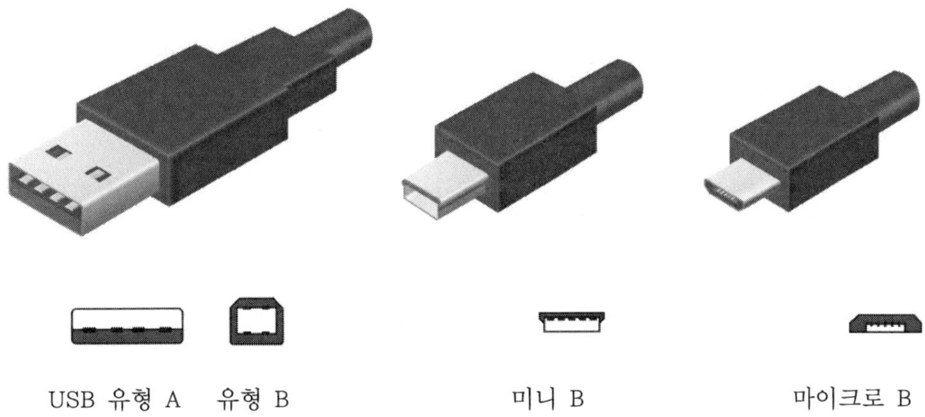

[그림 10-5] USB 케이블 유형

⑥ 아두이노 개발환경 메뉴 “툴(Tools) 〉 보드(Board)”에서 아두이노 보드를 선택한다 ([그림 10-6]).

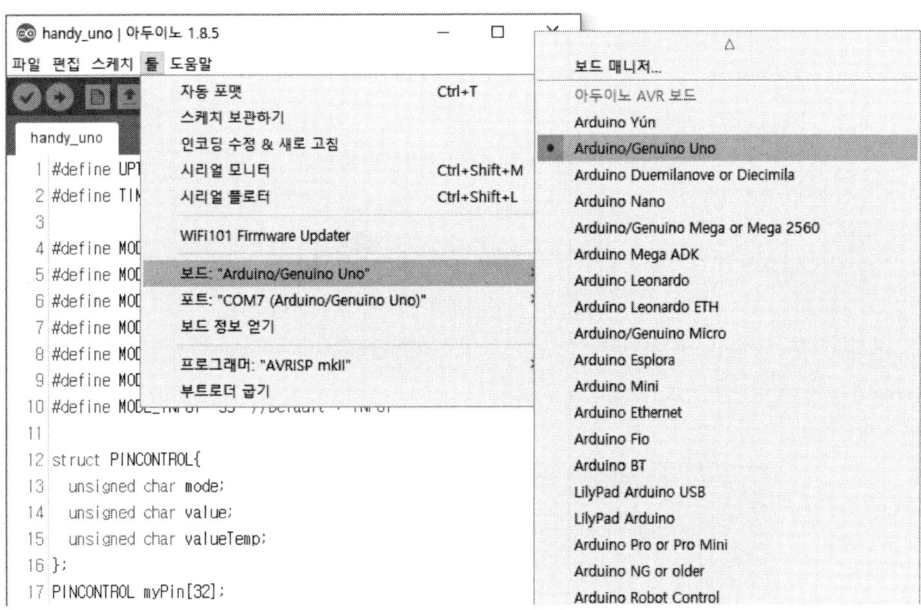

[그림 10-6] 아두이노 개발환경에서 보드 선택

⑦ 아두이노 개발환경 메뉴 “툴(Tools) 〉 포트(Port)”에서 아두이노 보드가 연결된 COM 포트를 선택한다([그림 10-6]). 아두이노는 COM1과 COM2(컴퓨터에서 사용)를 제외한 다른 포트에 연결된다.

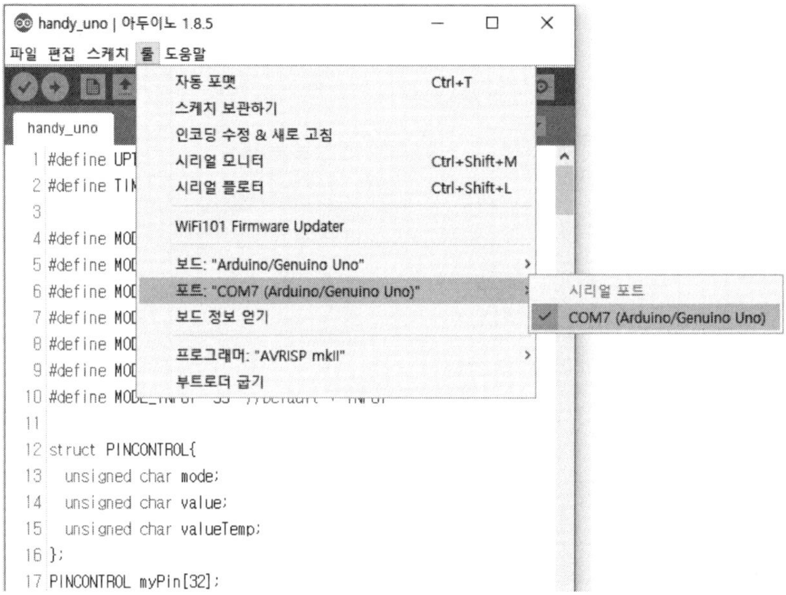

[그림 10-7] 아두이노 개발환경에서 포트 선택

⑧ 아두이노 개발환경 툴바 메뉴의 업로드 버튼( )을 클릭, 스케치를 아두이노 보드에 업로드 한다. 컴파일(컴퓨터가 이해할 수 있는 기계어로 번역)이 수행되고 오류가 없으면 업로드가 진행된다. 오류 없이 업로드가 완료되면 개발환경 하단 메시지 창에 [그림 10-8]과 같이 표시된다.

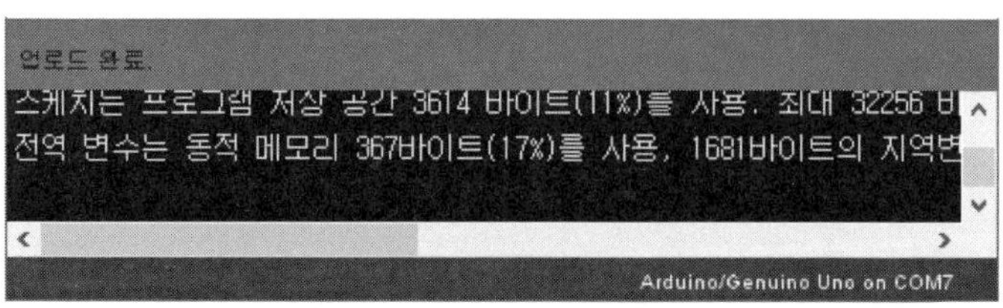

[그림 10-8] 업로드 완료 표시

10.2 핸디 코드 코딩

스마트 폰에서 USB 디버깅을 허용한 후 핸디 코드를 실행하고 코딩을 한다.

① 스마트 폰에 아두이노 보드를 연결하고 스마트폰 설정의 “개발자 옵션 〉 USB 디버깅” 기능을 허용한다([그림 10-9]). “개발자 옵션” 메뉴가 없으면, “소프트웨어 정보 〉 빌드번호”를 10회 이상 터치한다.

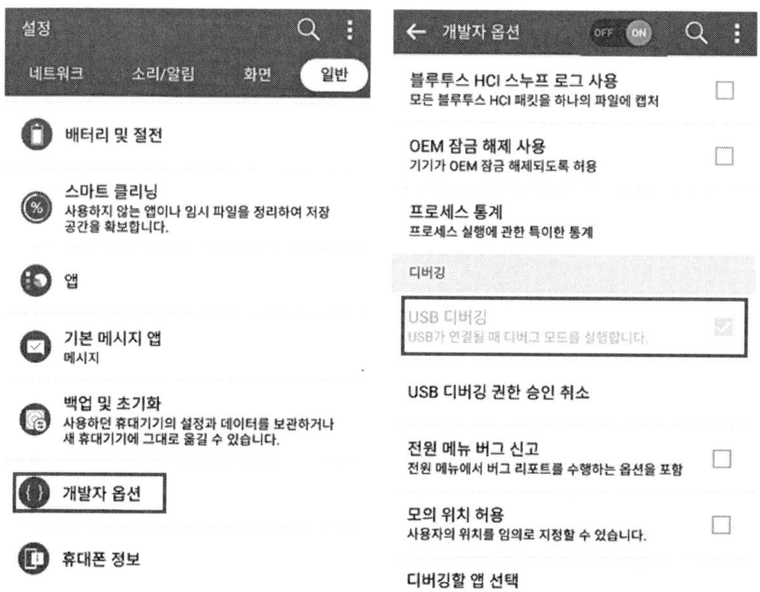

[그림 10-9] 개발자옵션에서 USB 디버깅 사용

② 스마트 폰에서 핸디 코드를 실행하고 구글 계정으로 로그인한다([그림 10-10]).

[그림 10-10] 핸디코드

③ 화면 하단에 있는 “새 프로젝트(+)” 버튼을 클릭, 새 프로젝트를 연다. 화면 상단 우측의 “버튼(⋮)”을 클릭, “저장하기”를 선택([그림 10-11])한다. 프로젝트 이름을 ‘아두이노’로 저장한다.

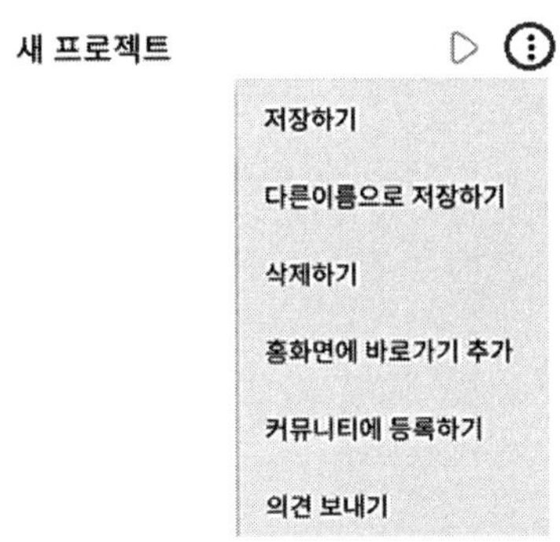

[그림 10-11] 프로젝트 이름 저장

④ [표 10-1]의 블록을 사용하여 [그림 10-12]의 코드를 완성한다.

[표 10-1] 아두이노 코드에 사용된 블록

순서	그룹	블록	이름	속성 처리
①	아두이노	아두이노 연결하기 USB		아두이노를 스마트폰에 USB로 연결하는 블록으로 "시작할 때" 블록 안에 놓음
②	로직	계속 반복		이 블록을 ① "아두이노 연결하기" 블록 아래에 놓음
③	아두이노	아두이노 디지털 쓰기 핀 번호 2 값		이 블록을 ② "계속 반복" 블록 안에 놓음 를 클릭, 핀 번호를 13으로 변경
④	로직	아님		이 블록을 ③ "아두이노 디지털 쓰기" 블록 오른쪽 '값' 슬롯에 끼움
⑤		아두이노 디지털 읽기 2		이 블록을 ④ "아님" 블록의 오른쪽 슬롯에 끼움 를 클릭, 핀 번호를 13으로 변경
⑥	로직	기다리기 밀리초 1000		이 블록을 ③ "아두이노 디지털 쓰기" 블록 아래에 놓음

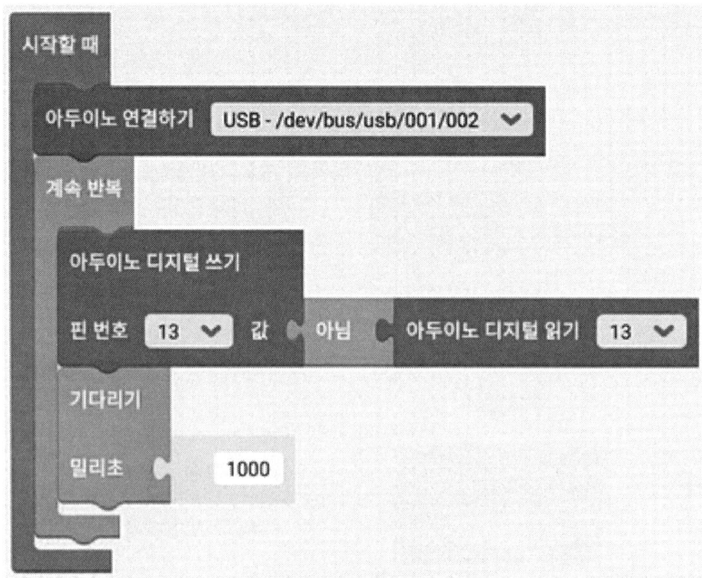

[그림 10-12] 완성된 코드

⑤ 코딩이 완료되었으니 화면 상단 우측의 "실행(▷)" 버튼을 클릭한다. 'USB 기기에 접근 허용 여부'에 대한 창이 열리면 "확인(OK)" 버튼을 클릭한다([그림 10-13]). 이제 흰색 화면이 실행되고 아두이노 보드의 13번 핀에 연결된 LED가 1초 간격으로 점멸한다.

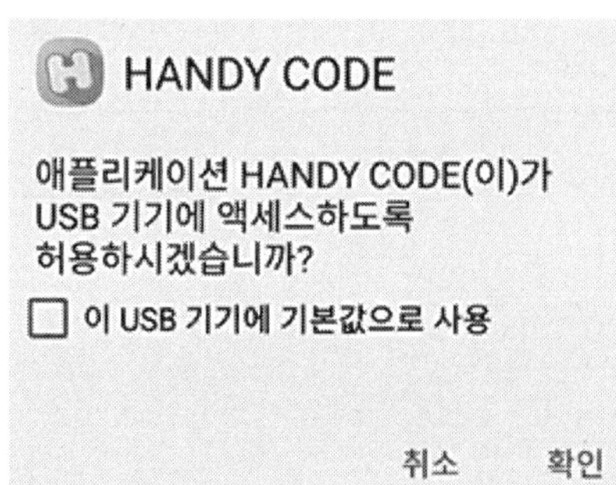

[그림 10-13] USB 기기에 대한 접근 허용

10.3 스마트 폰과 아두이노의 블루투스 연결

9.2절에서는 스마트 폰과 아두이노 보드를 USB 케이블로 연결하였다. 여기서는 아두이노 보드와 스마트 폰을 블루투스로 연결하여 사용한다.

① 이를 위해 [표 10-1]의 핀 연결을 위해 아두이노 보드와 안드로이드 장치용 블루투스 HC-06 모듈을 [그림 10-14]와 같이 연결한다. 보드에 전원을 연결한 후 HC-06 모듈의 LED가 깜박인다. 스마트 폰과 연결이 되면 LED가 점등 상태를 유지한다.

[표 10-1] 아두이노와 HC-06 모듈의 핀 연결

아두이노 보드	HC-06 모듈
5V	VCC
GND	GND
디지털 0(TX)	RXD
디지털 1(RX)	TXD

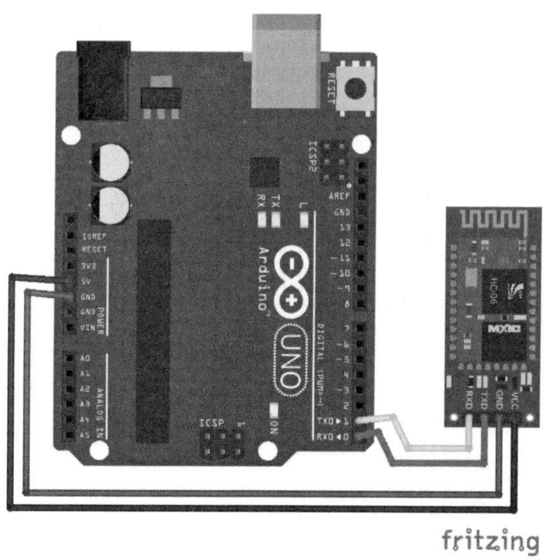

[그림 10-14] 아두이노 보드에 HC-06 블루투스 모듈 연결

② 스마트 폰의 블루투스 설정에서 기기 검색을 통해 HC-06을 등록한다. 블루투스 연결 요청에서 PIN 번호를 입력한다. AT 모드에서 블루투스 모듈을 별도로 설정하지 않았다면 0000 또는 1234를 입력한다.

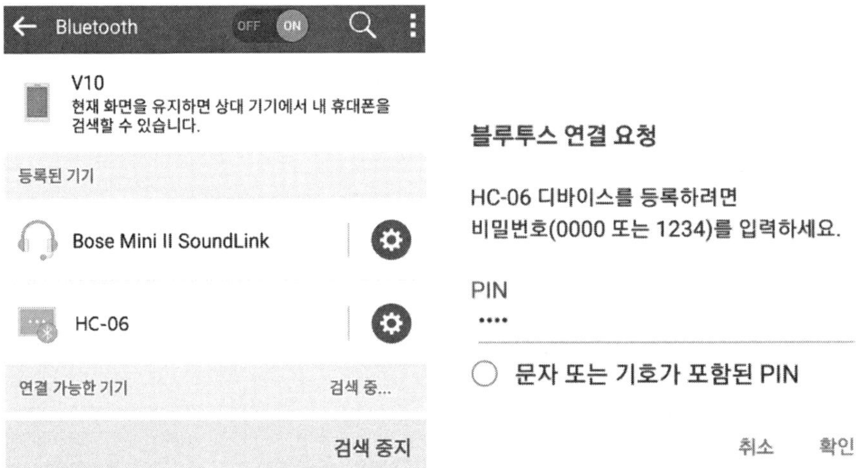

[그림 10-15] HC-06 모듈의 등록

③ 핸디코드를 실행하고 9.2절에서 완성한 '아두이노' 프로젝트를 연다. "아두이노 연결하기" 블록에서 "⌄"를 클릭, 'USB-/dev/bus/usb/001/002' 대신 'Bluetooth – HC-06'을 선택한다([그림 10-16]).

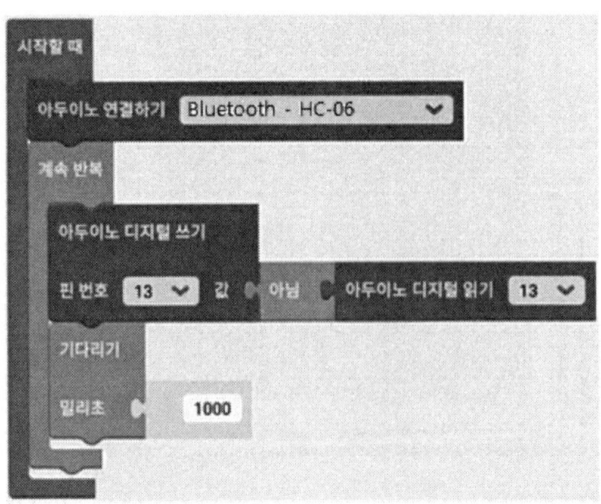

[그림 10-16] "아두이노 연결하기" 블록에서 블루투스 선택

④ 코딩 수정이 완료되었다. 화면 상단 우측의 "실행(▷)" 버튼을 클릭, 아두이노 보드의 13 핀에 연결된 LED가 1초 간격으로 점멸하는지 확인한다.

10.4 미세먼지 예 · 경보

9장에 만든 '미세먼지' 프로젝트를 열어 [그림 10-17]과 같이 코드를 추가한다.

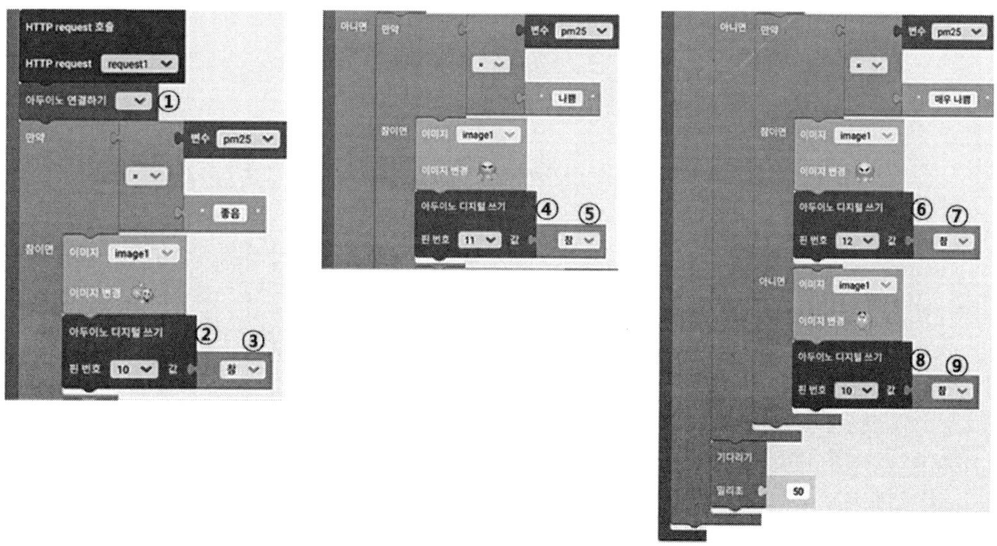

[그림 10-17] 미세먼지 프로젝트 코드에서 추가된 부분

[그림 10-18]과 같이 아두이노 보드에 LED를 추가로 연결한다. 아두이노 핀 10, 핀 11, 핀 12에 각각 330 Ω 저항과 Green, Yellow, Red LED를 직렬로 연결한다.

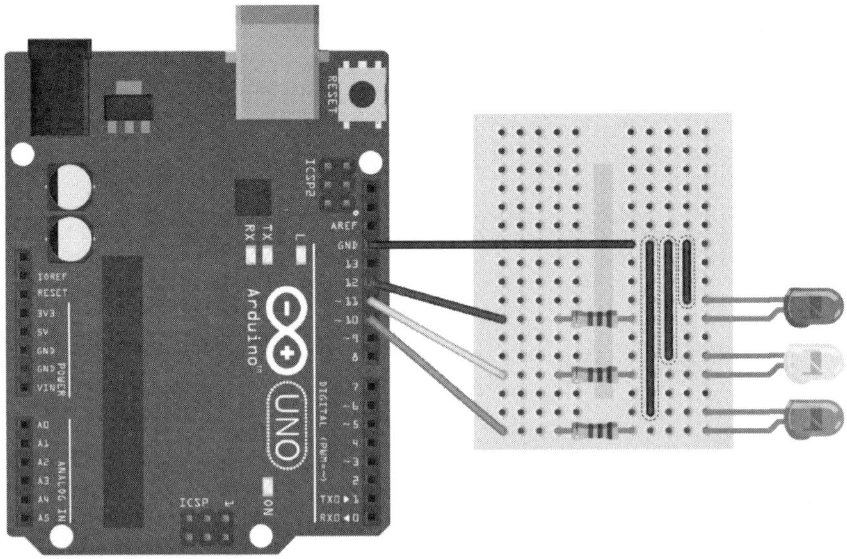

[그림 10-18] 미세먼지 경보를 위한 LED 연결

수정된 코드에서 “아두이노 보드 연결하기” 블록의 연결 방식을 선택한다. USB 방식을 선택하면 [그림 10-18] 회로를 사용하고 아두이노 보드와 스마트 폰을 USB 케이블로 연결한다. 블루투스 방식을 선택하면 [그림 10-14]와 [그림 10-18]의 회로를 결합한다. 경보에 따라 LED가 점등되는지 실행해본다.

정가 10,000원

Handy Code: Coding education and Programming
핸디 코드로 배우는 코딩 교육 및 앱 프로그래밍

2019년 1월 24일 초판 인쇄
2019년 1월 31일 초판 발행

저자와의
협의하에
인지생략

저 자: 황희수
발행자: 송 준
발행처: 홍릉과학출판사
주 소: 서울시 강북구 인수봉로 50길 10
01093
등 록: 1976년 10월 21일 제5-66호
전 화: (02) 999-2274~5, 903-7037
팩 스: (02) 905-6729
e-mail: hongpub@hongpub.co.kr
http://www.hongpub.co.kr
ISBN: 979-11-5600-635-0